LA ESTUPENDA GUÍA PARA PASAR LA VIDA A TU MANERA

LA ESTUPENDA GUÍA PARA PASAR LA VIDA A TU MANERA

PEPE Y TEO

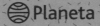
Planeta

Diseño de portada: Grupo Pictograma
Fotografía de portada: Blanca Charolet
Diseño de interiores: Diana Urbano Gastélum
Ilustraciones de interiores: Aarón Jandette

© 2018, Pepe
© 2018, Teo

Derechos reservados

© 2018, Editorial Planeta Mexicana, S.A. de C.V.
Bajo el sello editorial PLANETA M.R.
Avenida Presidente Masarik núm. 111, Piso 2
Colonia Polanco V Sección, Miguel Hidalgo
C.P. 11560, Ciudad de México
www.planetadelibros.com.mx

Primera edición en formato epub: mayo de 2018
ISBN: 978-607-07-4898-1

Primera edición impresa en México: mayo de 2018
Cuarta reimpresión en México: agosto de 2019
ISBN: 978-607-07-4933-9

Impreso en los talleres de Litográfica Ingramex, S.A. de C.V.
Centeno núm. 162-1, colonia Granjas Esmeralda, Ciudad de México
Impreso y hecho en México – *Printed and made in Mexico*

Para ti, que tienes este libro en tus manos y eres parte del **#SoySolaArmy**. Gracias por hacer nuestros sueños realidad y recuerda que tú también puedes, solo necesitas creer en ti.

PEPE AGRADECE A

A mi mamá. Todo lo que soy es gracias a ti y a tu constante esfuerzo. ¡Te amo! A mis hermanos: **Nadia**, por su amor incondicional y por ser mi ídola, y a **Roberto**, por ser mi hermanito y enseñarme tanto de la vida. **A mis sobrinos: Alan,** por ser como un hermano, por ser el más amoroso conmigo y haberme soportado en nuestra niñez. A **Bryan**, porque para mí siempre será el niño más tierno que haya conocido, y a **Ximena**, por haber llegado cuando menos la esperaba. También quiero agradecer a **Güero** y a **Edna** (QEPD), por ser parte de mi familia, así como a **mi papá** y a **Arizbeth**. Gracias a todos por soportar mis rarezas y mis excentricidades, sepan que los amo y este libro también es de ustedes.

A mi maestro de reiki, por ser mi inspiración siempre, por todo tu apoyo y por todo lo que me enseñaste.

A mi familia extendida, mis amigas Karla, **Chío**, **Lili** y **Mariana**, con ustedes lo aprendí y lo viví todo. **Paola**, **Chavita**, **Tallavas**, **Christiann** y todas mis otras amigas que al no verse incluidas me dirán: «¡Ah, no me incluiste!», sepan que aprendí de ustedes y les agradezco habernos encontrado en este viaje.

A todos mis compañeros youtubers, amigos que el internet me dio, colaboradores y personas que le tendieron la mano y le brindan apoyo a Pepe y Teo, quiero darles las gracias. Sepan que cambiamos muchas vidas gracias a ustedes.

A Dave, por haberme enseñado muchísimo sobre la entrega, el amor y la independencia. Por ser mi primer amor y por ser parte fundamental de mi historia.

A César Mary, porque claramente la vida siempre quiso que juntos hiciéramos una revolución. Gracias por depositar tu confianza en mí, jamás hubiera emprendido esta aventura sin ti.

A Charly, por ser el hombre más maravilloso, tierno, generoso y amoroso del mundo. Agradezco mucho haberte encontrado. Gracias por siempre creer en mí y por apoyarme en todos y cada uno de mis proyectos. Te amo.

A Karina y a Luis que nos ayudaron a materializar este sueño y que creyeron en nosotros desde el principio. Gracias a todo el equipo de Grupo Planeta.

TEO AGRADECE A

Ernesto: Hoy sé que tu único fin era mi bienestar. Eres mi héroe.

Leticia: Todo lo bueno que soy y que tengo, te lo debo a ti. ¡Te amo!

Jéssica: Mi ídolo más grande, la que más admiro. Por siempre mi mejor amiga.

Lulú, Moisés y Gustavo: Fui muy afortunado por haber tenido más papás y más mamás en mi vida. Sin ustedes no habría logrado ser todo lo que soy hoy en día.

Ricardo: Sin dudas, esta ha sido la mejor aventura de mi vida, contigo (y lo volvería a hacer todo nuevamente).

Carlos: No solo eres parte fundamental de este proyecto, también de mi vida.

Kin: La vida nos hizo un alma partida en dos y nos volvió a unir. Te quiero.

Gus: Siempre tuviste la palabra perfecta, serás siempre mi ángel guardián favorito.

Anahí, Erandi, Ana: Me han acompañado por más de la mitad de mi vida. Son parte de mi alma y mi corazón para siempre.

Emmanuel: Cada que abro los ojos por la mañana y te veo a mi lado, me siento el hombre más afortunado del mundo. Contigo amo y crezco como nunca antes lo había hecho. Seamos felices (juntos) toda la vida.

Marlon Brando: Tenerte en mi vida ha sido el mejor regalo que jamás haya tenido.

Karina y Luis: No solo hicieron este sueño realidad: en el camino, también se convirtieron en cómplices y amigos de mi vida. Gracias.

UNAS PALABRAS BONITAS DE UN BUEN AMIGO

Siempre he pensado (y procuro decirlo hasta el cansancio) que el humor es el escote de la inteligencia. No hay manera de ser inteligente y no tener buen humor, y la gente que toma con humor las situaciones tiene la mitad de la batalla ganada.

Reír es el talón de Aquiles del mundo. ¿No te pasa que hay gente que te cae gordísima pero te hace reír? ¿No te molesta aún más que te haga reír? **Es justo por eso, porque el humor crea empatía,** crea lazos, crea un vínculo extraño que nos hace amigos aunque no queramos. Y esto es lo que veo en este libro: **busca crear empatía, lazos, amistad.**

Abordar el tema LGBTQ... ¿!? (perdón, hasta ahí me sé) en estos tiempos de corrección política y cacería de brujas parece ser una tarea imposible, pero no lo es para el humor. Eso es lo que vas a encontrar aquí: un libro ligero, que toma un tema profundo y pesado y lo pone frente a nosotros con valentía: salir del clóset; tener amigos gay; enfrentar a tu familia, a tus amigos, a la sociedad, carajo. Estos son temas que petrifican a cualquier maestro de escuela sin preparación pedagógica, sin empatía por sus alumnos o sin inteligencia emocional, y ahí mismo radica el triunfo de **La estupenda guía para vivir la vida a tu manera,** en cómo nos pone a los lectores en una posición vulnerable y empática, tejiendo, entre el humor, temas de absoluta seriedad que los morritos (y sus papás, primos, tíos, amigos y demás) necesitan saber. Temas de los que tenemos que hablar porque ya es tiempo: es dos-mil-fucking-dieciocho.

Este libro es una gozadera. Desde la primera página **Pepe y Teo nos conquistan** (al menos a mí 😊) con su estilo desenfadado, inteligente y mordaz. Te aseguro que a la mitad del libro las risas y la reflexión van a ir a la par. Eso es lo que aprecio de un buen libro: que me haga meditar y que me entretenga. Porque de eso se trata la vida: de divertirse y aprender, de entretenerse y trabajar, de amar a tus amigos y enfrentar a tus enemigos, pero sabiendo siempre que tu lugar en el mundo es especial y maravilloso. Y único, sobre todo esto último.

Gay o no, este libro abre los ojos y nos muestra que el mundo es un lugar menos aterrador de lo que pensamos si lo vemos siempre a través de la maravillosa óptica del humor.

Espero que disfruten esta lectura tanto como yo, chiquillos.

LOS QUIERO.
Chumel Torres

ÍNDICE

¡Hooooli! Si estás leyendo esto es porque compraste o te regalaron La estupenda guía para vivir la vida a tu manera de Pepe y Teo. O tal vez solo la estás (h)ojeando, en cuyo caso permítenos decirte que TIENES QUE COMPRARLA, SERÁ LA MEJOR DECISIÓN QUE TOMES EN LA VIDA Y NO TE VAS A ARREPENTIR.

(Es en serio. Necesitas esta obra maestra, cómprala. Es para una buena causa: ¡nosotros!… y también para poder seguir LGBTizando el mundo, que tanto lo necesita).

Antes que nada, ¡permíteme presentarme! Yo soy

Pepe

Quizá me recuerden por videos de YouTube como «Activo o Pasivo» y «Me perdieron en la plaza», entre tantos otros. Soy la mitad más atractiva de Pepe y Teo y no le crean a NADIE que les diga lo contrario. Soy también una diva, una actriz profesional y una cantante llena de talentos.* Soy la parte más divertida de Pepe y Teo, y también la más malévola y la más dramática. Si tuviera que definirme en una palabra... NO PODRÍA, PORQUE SOY TANTAS COSAS QUE NO CABRÍAN EN EL LIBRO... Pero dejémoslo en que soy FABULOSO.

* La Asociación Nacional de Pepes y Teos no ha confirmado que estos talentos sean verificables o siquiera que existan, por lo que se deslinda de cualquier responsabilidad derivada de pensar que Pepe tiene voz de ángel.

Desafortunadamente me toca presentarme después porque pues soy

Teo

y esto se llama **Pepe y Teo**.

Pero los últimos serán los primeros y el que ríe al último ríe mejor. O algo así. YO soy la parte más humorística y ácida de Pepe y Teo y soy el romántico del canal. No les voy a negar que mi amiga Pepe, pues sí tiene lo suyo y todo, pero yo no me quedo atrás; además, lo más importante es que juntos hacemos el mejor dúo dentro y fuera de YouTube.

¡LA VERDAD ES QUE LOS DOS SOMOS GENIALES Y NOS ENCANTA PODER COMPARTIR CON USTEDES ESTA OBRA MAESTRA!

Capítulo 1

¿CÓMO ME IDENTIFICO?

Antes de entrar en materia, tenemos que aclarar un par de cositas. **La primera es que necesitamos introducir cuatro importantes conceptos que te ayudarán a ubicarte en el gran mapa del género y a que tú también te identifiques con aquello que te representa. NO EXISTE NINGÚN INCONVENIENTE SI TE IDENTIFICAS DE UNA FORMA O DE OTRA, Y TAMPOCO LO HAY SI NO TE IDENTIFICAS DE NINGUNA FORMA.**

La sexualidad es un amplio espectro con diversas variables, lo que quiere decir que aquello que alguna vez nos dijeron de «hombre con mujer» y «mujer con hombre» quedará destruido después de que sepas lo siguiente. En el tema de la sexualidad tenemos que conocer cuatro diferentes conceptos.

1 El primero es el **GÉNERO**. El género está vinculado con el sexo biológico, que es con el que naces.

A menudo, el género se determina en el momento en que el doctor dice si eres niño (al tener pene) o si eres niña (al tener vagina). Hay que tomar en cuenta que esto puede cambiar: **el sexo biológico NO necesariamente es tu género.**

Lo más usual es que si tienes pene te identifiquen como **NIÑO** y si tienes vagina te identifiquen como **NIÑA**, o si tienes presencia de ambos te identifiquen como **INTERSEXUAL**

ELECCIONES DE GÉNERO

TEO

☒ M   ☐ F

ELECCIONES DE GÉNERO

PEPE

☒ M   ☐ F

(A veces, los doctores y los padres eligen un género para los bebés intersexuales y empiezan a tratarlos desde ahí, lo que naturalmente es problemático porque los bebés aún no pueden decidir, y en más de una ocasión ha causado conflictos).

En nuestro caso, nosotros nos identificamos con el **género masculino.**

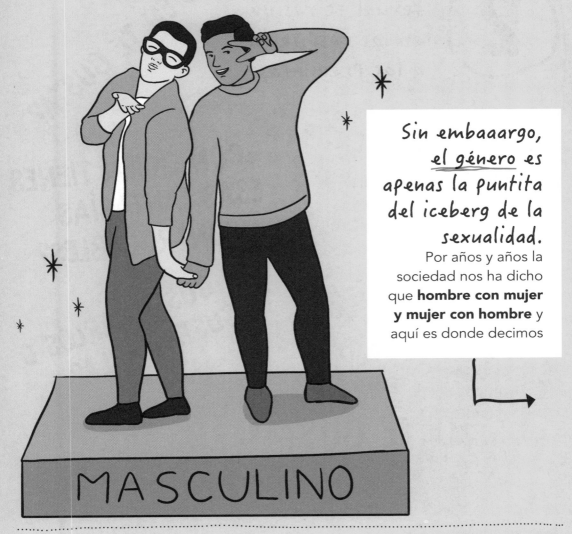

MASCULINO

Sin embaaargo, el género es apenas la puntita del iceberg de la sexualidad.

Por años y años la sociedad nos ha dicho que **hombre con mujer y mujer con hombre** y aquí es donde decimos

¡NO, SEÑORA, NO!
La **ORIENTACIÓN SEXUAL** es sumamente importante y válida.

2 La orientación sexual se resume en las respuestas a las preguntas:

¿QUIÉN TE GUSTA?

¿QUIÉN TE HACE SENTIR MARIPOSAS EN EL ESTÓMAGO?

¿CON QUIÉN TIENES ESAS FANTASÍAS INCONTROLABLES?

¿POR QUIÉN TE SIENTES ATRAÍDO?

¿TE GUSTA CARLOS O TE GUSTA KARLA?

¿O TE GUSTAN LOS DOS?

(Ay, amiga, lo quieres todoooo, ¡pero bueno, está bien! ¡SE VALE!).

¿UBICAS ESO QUE SIENTES CUANDO CONOCES A ALGUIEN ATRACTIVO? PUES ESO ES LA ORIENTACIÓN SEXUAL.

Y esta atracción, a pesar de lo que te dijeron tooodos los domingos en la iglesia, no tiene que ser necesariamente hacia el género «opuesto» al tuyo.

Oooh, no, girl. Not at all!

Probablemente, si tienes esta FABULOSA guía gay entre tus manos, y estás leyéndola, y llegaste hasta acá y quieres seguir leyendo hasta que se te cansen los ojos, es porque tu orientación sexual **no es la que TODO el mundo** (y, a veces, especialmente, tu familia) te ha dicho que tiene que ser.

En conclusión, la orientación sexual se divide en

HETEROSEXUAL,

HOMOSEXUAL

BISEXUAL y

ASEXUAL.

(Y todo lo que haya en medio de esas clasificaciones).

3 El siguiente concepto tiene que ver con tu forma de ser, tus actitudes, comportamientos, manierismos y demás cositas que te hacen ser única.

Como ya lo comentamos, estamos viviendo una revolución sexual y paradigmas como «**el azul y el futbol son de niños, y el rosa y las muñecas son de niñas**» han quedado (o están quedando, porque todavía hay gentecita que se niega a abrir su cabeza) en el pasado, y qué bueno, porque en otros tiempos a nosotros nos habría ido muy mal solo por no ser como se supone que teníamos que ser. A esto se le conoce como

EXPRESIÓN DE GÉNERO.

ESTO QUIERE DECIR QUE TÚ PUEDES NO ENCAJAR EN LOS CÁNONES SOCIALES Y SER TAN BRILLANTE Y COLORIDO COMO TÚ QUIERAS, O PUEDES SER TAN SERIO Y MASCULINO COMO GUSTES.

4

Después del género, la orientación y la expresión, está también el concepto más importante y este es la **IDENTIDAD DE GÉNERO.**

Y tal vez pienses «qué complicado. Ya, Pepe y Teo, paren de m*mar, nada más me están confundiendo».

Y sí, entendemos la confusión, **pero esto es porque nadie nos enseñó estos importantes conceptos cuando éramos pequeños** y a veces nos quedamos con que solo existe el blanco o el negro, sin recordar que entre estos hay una inmensa gama de colores.

LA IDENTIDAD DE GÉNERO ES BIEN IMPORTANTE PORQUE ES LA FORMA EN QUE TÚ TE IDENTIFICAS.

A lo mejor **eres hombre** de nacimiento, pero te identificas como mujer y te sabes mujer.

O VICEVERSA:

Naciste en el cuerpo de **una mujer**, pero tú sabes dentro de ti que eres hombre.

DIGAMOS:

SI EL **GÉNERO** ES DE AFUERA PARA ADENTRO, O SEA, DE LA SOCIEDAD HACIA TI,

$\neq$

LA IDENTIDAD DE GÉNERO ES AL REVÉS, DE ADENTRO PARA AFUERA: ES CÓMO TÚ TE IDENTIFICAS Y TE ASUMES.

Nosotras, por ejemplo, podemos decirnos «nosotras», porque es parte de nuestra expresión de género, **nos identificamos con nuestro género masculino y nuestra orientación es homosexual.** En pocas palabras somos dos hombres gay algo… bueno, amanerados.

Recuerda que hoy en día tú puedes ser lo que quieras ser.

Amiga, amigo, amigx: te invitamos a que le des vuelta a la página para entender todo lo que siempre habías querido saber sobre ser gay pero tenías miedo de preguntar.

1 GÉNERO

Papaya

2 ORIENTACIÓN SEXUAL

  ó

3 EXPRESIÓN DE GÉNERO

4 IDENTIDAD DE GÉNERO

Berenjena

ó

SEXUALIDAD EN LA NIÑEZ

Si te identificas como gay, probablemente sepas que hay algo en ti que hace burbujitas cuando ves a alguien atractivo de tu mismo sexo, y también sabes que ese algo nomás no hace burbujitas de ningún tipo cuando ves a alguien de otro sexo. Esto es porque esas son las personas que te gustan, y estás bien consciente de ello.

Pero esta claridad no llegó de un momento a otro, sin anunciarse.

En casi todos los casos, y gracias a que vivimos en una sociedad que considera que **LA NORMA** es ser heterosexual **Y TODO LO DEMÁS** es anormal o extraño, darte cuenta de que eres gay es un proceso que inició probablemente desde que eras pequeño y se fue desarrollando lenta y paulatinamente con el pasar de los años.

Pero ¿cómo fue nuestro proceso?

AH, ESA ES UNA HISTORIA LAAARGA Y ENTRETENIDA. O QUIZÁ NO TAN ENTRETENIDA, PERO SÍ ES LARGA.

Y como no queremos demorarnos mucho en eso, decidimos contarla a través de todas las cosas que nos gustaban y nos gustaron cuando éramos pequeños.

ETAPAS DE TEO

Teus Diminutus
*fan de Aladdín,
Hércules y Serafín*

**Teopithecus
Escuinclitus**
*fan de Sailor Moon,
Ranma 1/2*

**Teonius
Masgrandecitus**
*fan de la trilogía
de las Marías*
*(María Mercedes,
Marimar, María la del
Barrio)*

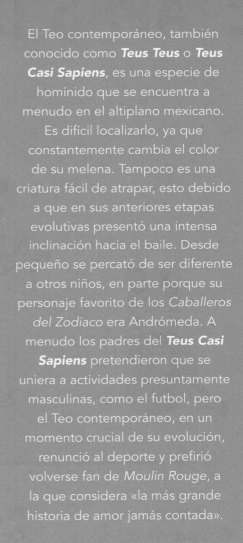

Teis Adolescentius

Azul Tequila,
Mirada de mujer,
Como en el cine,
Moulin Rouge

El Teo contemporáneo, también conocido como **Teus Teus** o **Teus Casi Sapiens**, es una especie de homínido que se encuentra a menudo en el altiplano mexicano. Es difícil localizarlo, ya que constantemente cambia el color de su melena. Tampoco es una criatura fácil de atrapar, esto debido a que en sus anteriores etapas evolutivas presentó una intensa inclinación hacia el baile. Desde pequeño se percató de ser diferente a otros niños, en parte porque su personaje favorito de los *Caballeros del Zodiaco* era Andrómeda. A menudo los padres del **Teus Casi Sapiens** pretendieron que se uniera a actividades presuntamente masculinas, como el futbol, pero el Teo contemporáneo, en un momento crucial de su evolución, renunció al deporte y prefirió volverse fan de *Moulin Rouge*, a la que considera «la más grande historia de amor jamás contada».

ETAPAS DE PEPE

**Pepus
Chaparritus**

Bambi, Dumbo

**Pepinensis
Ordinarius**

*Sailor Moon,
Guerreras Mágicas,
Caballeros del
Zodiaco*

**Pepithecus
Chavitus**

*Amigos por
Siempre, El diario
de Daniela, Digimon
y Pokémon*

El Pepe moderno es un antropoide que se localiza en áreas extendidas de la Ciudad de México (antes Distrito Federal, antes Gran Tenochtitlan, antes Pangea). Durante su evolución es posible notar rasgos en común con el **Teus Teus** (o **Teus Casi Sapiens** según ciertos arqueólogos), como su evidente gusto por *Sailor Moon*. El Pepe moderno es una criatura fascinante que nunca mostró interés por las actividades supuestamente varoniles, y si se incorporó a ellas, fue únicamente con el fin de sobrevivir en un ecosistema que le resultaba adverso. Una de sus primeras inscripciones dice: «DE NIÑO NO QUERÍA SER COMO LOS HOMBRES», lo que deja muy en claro que el descubrimiento de su identidad se dio a temprana edad. Lejos de embarcarse en ejercicios como el futbol o el basquetbol, el joven Pepe moderno estaba más en contacto con su sensible lado artístico: tocaba instrumentos musicales y tomaba clases de actuación y canto. Sin duda, una criatura fascinante.

Pepinus Maduritus

Hedwig and The Angry Inch, todos los musicales de Broadway y Will & Grace

Capítulo 2

¿SOY

GAY?

¿Cómo saber si eres gay?

Te gustan las personas de tu mismo sexo.

Nocierto, amigui. Bueno, sí.
Si es cierto. 😏 Pero no es taaaan sencillo.

El proceso de aceptación de la homosexualidad es una cosa compleja.

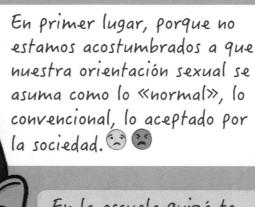

En primer lugar, porque no estamos acostumbrados a que nuestra orientación sexual se asuma como lo «normal», lo convencional, lo aceptado por la sociedad. 😒 😠

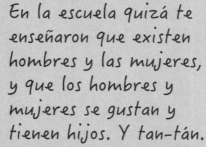

En la escuela quizá te enseñaron que existen hombres y las mujeres, y que los hombres y mujeres se gustan y tienen hijos. Y tan-tán.

Pero esa no es la única opción, como bien sabemos tú y nosotros. Quizá comenzaste a notar desde pequeño que las niñas nomás no y que lo que a ti neta te gustaba eran los niños de tu mismo sexo (o al revés).

Y quizá nunca lo hablaste con tus papás porque sabias, de alguna forma, que eso a ellos no les gustaba, o tal vez los escuchaste llegar a expresarse negativamente acerca de la homosexualidad.

¡No te preocupes! A nosotros también nos pasó lo mismo. Pero hay algo súper importante que tenemos que decirte antes de seguir:

NO TIENE NADA DE MALO.

UNA DE LAS RAZONES POR LAS QUE ES MÁS DIFÍCIL ACEPTAR NUESTRA ORIENTACIÓN SEXUAL ES EL HECHO DE QUE

1 Rara vez se asume que es una posibilidad más de la experiencia de ser humano.

2 Rara vez nos vemos representados en películas, por ejemplo. ¿Cuántos superhéroes gay conoces? ¿Cuántas heroínas de acción lesbianas has visto últimamente?

Nuestra orientación sexual no es la norma para la cultura en la que vivimos.

Y esto es, cuando menos, triste.

PORQUE NUESTRA ORIENTACIÓN ES TAN NATURAL COMO CUALQUIER OTRA.

Desde el reino animal, la homosexualidad es tan solo una más de las posibilidades de ejercer la sexualidad.

Y precisamente porque sabemos que es muy difícil vivir en un mundo hetero siendo gay y fabuloso como tú y (principalmente) como nosotros, te preparamos una...

FABULOSA GUÍA DE SUPERVIVENCIA A LAS FIESTAS FAMILIARES.

Entre la fauna que te
puedes encontrar en
una reunión familiar
se encontrará...

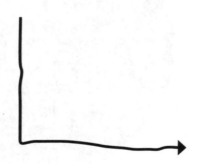

EL TÍO INSISTENTE

EL tío insistente es **INSUFRIBLE**. Ay, no, amigas, si hay alguien a quien le debes huir es a este señor… Siempre preguntándote sobre cosas súper **hetero-machistas-misóginas** e incomodándote con comentarios que si de futbol, que si de mujeres buenísimas de las que siempre trae fotos en su celular, que si de videos porno todos pixeleados, que si de a quién le vas en el box y el futbol americano.

Precaución:

Este peculiar ser no entiende tu sarcasmo y mucho menos tus caras de «ya no quiero hablar contigo, tío» por más que las hagas. Escápate de su vista en cuanto puedas.

LA TÍA PREGUNTONA

Esta fauna típica de las reuniones familiares está obsesionada con **«LA NOVIA»**. La tía preguntona siempre te va a preguntar qué onda con «la novia», que para cuándo «la novia», que dónde dejaste a «la novia». Y siempre aprovecha para mirarte de reojo mientras te juzga y piensa «A mí se me hace que es "rarito"». **Pero ni te preocupes por contestar.**

Recomendación:

Ensaya tu mejor cara de «Not Today, Satan!» y prepárate para lanzarle un «Mire, tía bonita... usted preocúpese por sus cosas y yo por las mías... por cierto, qué rico le quedó el arroz» a la primera pregunta.

EL SOBRINO CURIOSO

El sobrino curioso solo quiere saber **cómo hacerle para tener novia**. Es que pues míralo, pobrecito, a este sí Dios no le ayudó ni tantito. Entonces, en cada reunión no te lo vas a quitar de encima mientras te acosa con preguntas acerca de Las Mujeres. Y oooobviamente a ti no te interesa en lo más mínimo contestarle.

Recomendación:
Llévate siempre un videojuego en el bolsillo para que se distraiga con eso y deje de intensearte.

EL ABUELO RELIGIOSO

El abuelito religioso solo es un adulto mayor. Y religioso. Y sí, todos queremos mucho a nuestros abuelitos, pero hay que admitir que a veces pueden ser bastante insoportables cuando se ponen en plan **«Permítanme dirigir la oración»** y **empiezan a sermonear a todos**. Además, si hay algo que a ti <u>no te interesa mucho es seguirle el juego a una religión que dice que arderás en el fuego eterno por tu orientación sexual</u>.

Recomendación:

Así que equis: cierra los ojos y piensa en unicornios. O en nosotros. O en Zac Efron. Mmmh... Zac Efron,, no mejor si piensa en Zac Efron, uff, Zac Efron sin camisa, pffff... ¡YA VENGO ABUELITA, VOY AL BAÑO!

Ah, la escuela. Ese hábitat natural donde **florece el bullying, los maestros irresponsables, los pretextos ridículos, algunos amigos y la tortura de levantarse temprano y hacer proyectos que probablemente terminarás haciendo a última hora**

(no te esfuerces en negarlo, te hemos visto).

Ah, también, a veces, se estudia. Pero poquito.

Ah, ¿qué dijeron, a Pepe y Teo no les gusta la escuela? No es ciertoooooo, ¡sí estudien o aprendan mucho para que sean unas chingonas!

Nuestro Centro de Investigaciones **Pepe y Teo (CIPeT)**
recorrió varias escuelas para traerte este

PERFECTO BESTIARIO DE LA FAUNA ESCOLAR

a la que nosotros, seres de luz fabulosos a los que todo el mundo quiere, **debemos enfrentar en nuestro día a día**.

EL MACHO ALFA

Enemigos naturales de nosotros, los gays. **Huelen nuestro miedo y, a veces, se aprovechan de él.** Exudan testosterona y juegan futbol, basquetbol, etc. Se golpean entre ellos (los científicos no han logrado encontrar una explicación lógica a esta ridícula conducta). Persiguen a las niñas por los pasillos. Huelen a sudor o a desodorante en aerosol chafa, aunque esto a veces puede ser sexy, o bueno solo cuando es guapo y te sientes atraído a él, pero **NUNCA te enamores de uno de ellos. ¡NUNCA! Esto puede dejarte hecha trizas.**

LAS CHICAS PESADAS

Son la contraparte femenina de los macho alfa. Siempre fabulosas, llenas de estilo, actitud y muy manipuladoras. Nuestras mejores amigas siempre. **Te sientes identificado con ellas o a lo mejor QUIERES ser como ellas.** Te fascinan tanto que a veces hasta sentirás que te gustan. **No te preocupes: es normal.**

A Pepe le pasaba todo el tiempo.

LOS GEEKS

Son una especie curiosa. Les gusta el anime, el manga, los cómics (pero en serio, no nada más las películas de los Avengers y Batman, estos hasta compran las revistas y toda la cosa), los videojuegos, la música rara y son algo introvertidos. **Si compartes alguno de estos gustos, bienvenido al club gaymer. Si no, pues síguele buscando.**

LOS TETOS

Este grupo es interesante porque suele estar compuesto tanto por niños como por niñas. No son muy divertidos, pero siempre sacan dieces y, si te acoplas a ellos, podrías terminar hasta pasándola bien. **Lo único malo de este grupito es que suele ganarse el odio de todos los demás, y eso es algo que definitivamente tú NO quieres.**

AY, AMIGA, ¿Y CÓMO ENCAJAR AHÍ? YA SÉ, ES SÚPER DIFÍCIL. Y A VECES ES MÁS DIFÍCIL TODAVÍA.

Nuestro mejor consejo es:

1 Sé la mejor versión de ti mismo. No finjas, pero tampoco abuses de nadie.

2 No cedas ni des concesiones ni permitas que te pasen por encima, pero tampoco le pases por encima a los que estén debajo de ti.

LA VIDA

es como la escuela, un complejo campo de batalla, pero tú puedes crear tu propio squad para sobrevivirlo.

Capítulo 3

AMOR

Mi primera novia

¡Ayñ! Es rarísimo, pero sí, esta es una fase de la vida gay: tener novia.

Ya sé, ya sé lo que estás pensando.

«¡Pero, Pepe y Teo, si somos gay, cómo vamos a tener novia!».

Y probablemente tengas razón. Pero es algo más común de lo que te imaginas. Es más, probablemente ya lo hayas sentido: esa niña bonita que anda por ahi te hace sentir algo...

...que no necesariamente es amor, pero sí atracción. ¿Qué diablos sucede? ¿Te gusta una niña?

Si, si te gusta. Pero no por razones de heteros.

Ahora sabrás por qué.

¡PELAZO!

Los niños no se cuidan el pelo, ¡porque hombres! Es más, ¡a veces ni se pei-naaaaaan! y a ti te encaaanta lucir fa-bu-lo-so.

MAQUILLAJE

Puede que a ti te haya llamado la atención desde que viste a tu mamá pintándose y te dijo que eso no era para niños. Pero para ti, una niña con maquillaje te parece fascinante. ¡Además, manejas el contour como nadie!

ROPA HERMOSA

Los niños a veces son bien aburridos. Unos pantalones equis y una playera y ya. #Ew! NO. Las niñas pueden arreglarse, y mucho. Y a ti te gustaría arreglarte más.

ACCESORIOS INCREÍBLES

Bolsas, zapatos de impacto, lentes, pulseras brillantes, cadenas, diamantina, polvos mágicos, un unicornio... Las chicas tienen todo un repertorio para expresarse, a diferencia de los niños, que no pueden experimentar sin ser juzgados. ¿Es realmente tan difícil imaginar qué prefieres tú?

SENTIMIENTOS

Lo has escuchado toda la vida: «¡Los niños no lloran! ¡No me saludes de beso! ¡No me agarres la mano!». Ay perdón, pero qué hueva. ¡No puedes hacer nada! ¡Nomás por ser niño! Las niñas sí pueden, y ooobviamente eso te encanta, porque tú eres puro amor. Y un poquito de resentimiento. Pero principalmente amor.

Y en la adolescencia, tooodas esas cosas importan.

Bueno, pa qué te mentimos, también después de la adolescencia. Pero para ti son particularmente importantes, porque estás definiendo tu identidad, y **ES PROBABLE QUE TE GUSTEN TANTO ESAS COSAS QUE QUIERAS ESTAR SIEMPRE CON ESA NIÑA INCREÍBLE,** aunque las razones sean que **QUIERES USAR A VECES SUS ACCESORIOS.**

Y desde aquí escuchamos tus gritos de auxilio:

PEPE, TEO, PEPE Y TEO: TENGO UNA NOVIA PERO NO ME GUSTA. ¿QUÉ HAGO?

Ay, gordo, esto es un graaave problema. Primero que nada: respira. No es el fin del mundo.

Te dijimos que respires.

¡Que respires!

Bien. Así. ¿Ya más calmado?

Lo primero que debes hacer es recordar que es importante ser sincero y que no debes lastimarla con un secreto tan grande como este. Valora cómo te llevas con tu novia y de ahí prepárate para tomar acción.

Si no es una relación cercana, ¡ya la hiciste! Termínala y listo. (O sea, bueno, con sutileza y no seas seco y malvado, ella siempre estuvo ahí para ti).

Si es una relación muy cercana, bueno...

El mejor camino es la honestidad y no lastimar a terceros. Salir del clóset es un gran paso, y hacerlo con una persona a la que quieres y te quiere es uno de los mejores panoramas para hacerlo.

Tantea el terreno antes. Asegúrate de que tu novia no tenga una mala reacción hacia nuestra comunidad LGBTQ.

¿Listo? Pues vas. Sé cariñoso, tierno y comprensivo. Recuerda que nadie debe sufrir por tus secretos, y menos aun la gente que quieres y que te ha brindado tiempo y amor.

¿Lo lograste? ¿Todo bien? Si no salió todo bien, tómalo con calma. Recuerda que estas cosas toman tiempo y el tiempo siempre cura las heridas.

¿Salió todo bien? Pues entonces tómala de la mano y juntos canten «¡LIBRE SOOOOY! ¡LIBRE SOOOOOY!». Mientras van por un helado.

Amor

Mi primer crush

Ah, el primer crush. Temporada de mariposas en el estómago. Los pájaros trinan, el sol sale...

Y TU CORAZÓN SE ROMPE PORQUE LA VIDA ES UN LABERINTO DE AMARGURA Y DESILUSIÓN. ¡NO TIENE CASO! VOLVÁMONOS MONJAS, EL AMOR ES UN ARMA LETAL QUE NO TE DEJA RESPIRAR, QUE TE CONSUME Y TE DERRUMBA.

- [Teo en Dramática]

No, no es cierto, gorda. Pero así se siente a veces.

#FUERZA #LOQUENOTEMATATEHACEMÁSFUERTE

¿POR QUÉ PASA ESO?

El doctor Pepe te lo dirá.

Paciente: Doc, estoy enamorado de un chico al que no le intereso. ¿Qué hago?

Doctor: Mmmh. Caso complicado. Platícame más. ¿Este chico es gay?

Paciente: Creo que no.

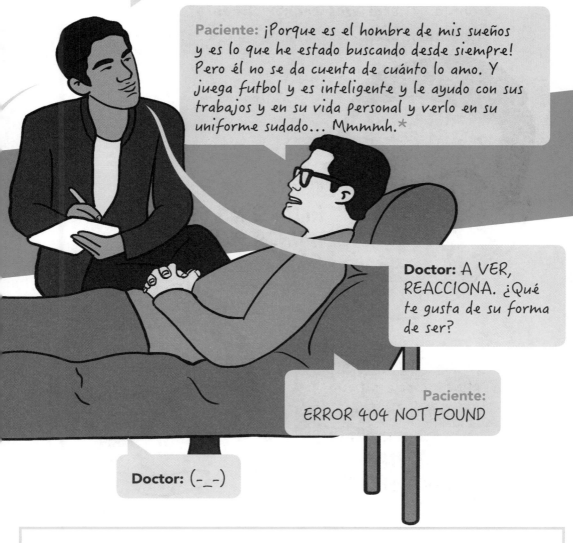

Doctor: ¿Lo frecuentas mucho?

Paciente: Esteeee. Sí. Poquito. Bueno, no. Mucho.

Doctor: ¿Por qué te gusta?

Paciente: ¡Porque es el hombre de mis sueños y es lo que he estado buscando desde siempre! Pero él no se da cuenta de cuánto lo amo. Y juega futbol y es inteligente y le ayudo con sus trabajos y en su vida personal y verlo en su uniforme sudado... Mmmmh.*

Doctor: A VER, REACCIONA. ¿Qué te gusta de su forma de ser?

Paciente: ERROR 404 NOT FOUND

Doctor: (-_-)

---

* **Ir a la página 48**, donde dice que NUNCA TE ENAMORES DE UN HETERO.

Teo: Como pudiste ver, muchas veces, principalmente durante la adolescencia, **sentirás atracción física por gente que no te corresponde. Ten cuidado.** Aunque eso es perfectamente normal, lo cierto es que por lo general **esos enamoramientos no terminan bien.**

SPOILER ALERT:
HIJA: SI NO ES GAY, ¡NUNCA SE VOLVERÁ GAY!

Lo que dijo Pepe. No te claves: si no le gustas, no te enredes ahi. **NEXT, AMIGA, HAY MUCHOS PECES EN EL MAR.**

Las historias de Pepe y Teo

HISTORIA DE PEPE

¡Hola! Soy Pepe. Y a continuación quiero contarte mi historia, ¡MI VERDAD! **Siéntate, ve a servirte algo y tráete una caja de pañuelos, porque esto podría hacerte llorar.**

Como pueden ver, siempre he sido **BELLO, EXTROVERTIDO** (y bastante femenino).

Cuando era pequeño, rara vez me buleaban. Siempre me juntaba con los más populares, supongo que como mecanismo de defensa.

A mi mamá, sin embargo, no le gustaba que yo fuera «afeminado», y quería ponerme a hacer actividades «masculinas». Estuve muchos años en los Boy Scouts por eso.

LO ODIABA. Hacía todo lo que se me pedía, pero lo hacía más como una manera de sobrevivir en ese ambiente porque **LO ODIABA.**

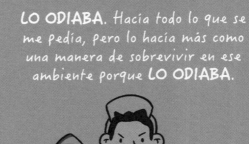

En la escuela, en cambio, me iba muy bien. Siempre fui de los que no ponían tanta atención pero se grababan todo y aprendían rápido. Y si me molestaban por ser como soy, solía defenderme con palabras, nunca a golpes, jamás me he peleado.

Pero la verdad es que no me acomodaba, no me gustaba estar rodeado de hombres. Alguna vez alguien me dijo que me sentía incómodo entre hombres porque les tenía miedo, no sé si sea cierto.

Mi mamá practicaba el reiki y me hacía practicarlo, y gracias a eso aprendí muchas cosas sobre mí mismo, y por esta disciplina es que digo que soy bruja. Lo malo es que no les gustaba que fuera gay.

¡VAYAN AL PSICÓLOGO, GORDAS!

PERO UNO BUENO, UNO QUE SEA DE MENTE ABIERTA.

Lo que me salvó fue ir al psicólogo. Cuatro sesiónes me bastaron para entender que debía estar agradecido con los conocimientos del reiki, pero que debía hacer mi vida y que si mi orientación era homosexual, debía comenzar a aceptarla y no rechazarla solo para quedar bien con mi maestro de reiki.

PRONTO TUVE AL PRIMER AMOR DE MI VIDA, SU NOMBRE ES DAVE Y FUIMOS MUY FELICES.

Pero no todo era bueno. Mi mamá aún no se enteraba...

...y yo tenía miedo, porque durante toda mi vida, ella siempre trató de educarme bajo lo que ella había aprendido y conocía. **Y yo sabía que esto no estaba en sus planes.**

Yo pasaba mucho tiempo con mi novio, y mi mamá ya se imaginaba. **Porque pues... poder psíquico de bruja mayor.** Y también porque mamá.

Un día, después de comer, mi mamá me preguntó si yo era gay y si el chico con el que pasaba tanto tiempo era mi novio.

No pude con la presión de la pregunta inesperada, así que le dije que NO. (Ya sé... pero simplemente no pude 😔).

Al día siguiente (nuevamente en el auto), **no aguanté la presión,** así que decidí decirle a mi mamá.*

Eres mi hijo y siempre te voy a amar, discúlpame por la presión que puse en ti.

Yo le dije que para mí era muy importante que ella supiera que esto no era su culpa.

Que en estos temas no hay culpas y que, por el contrario, ella es mi ejemplo a seguir.

A mi mamá le tomó tiempo. Terminó retirándose del grupo de reiki porque ella sentía que ahora la presionaban demasiado por este tema y la hacían sentir culpable por algo en lo que no tenía injerencia.

Poco a poco, con mucha paciencia e información, mi mamá comenzó a abrirse a esta posibilidad.

Hoy en día, mi mamá ya me aceptó. Fue un proceso que tomó tiempo, y tardó en aceptar del todo a mi primer novio, no porque fuera malo, sino porque no estaba acostumbrada. Pero al día de hoy siempre se acuerda de Dave y se siente muy apenada en caso de haber sido grosera, porque lo quería mucho también. Ahora es la más cómoda estando cerca de Charly y ya todo es diferente y mejor. Y es probable que tú pases por algo similar. Recuerda siempre rodearte de amigos comprensivos y tener un sistema de apoyo que te ayude a pasar los malos tragos. **La vida sin amigos no es vida, gordas.**

* **Consulta** nuestro MANUAL PARA SALIR DEL CLÓSET en la **página 76** para mayor información.

HISTORIA DE TEO

Hay de todo en la viña del señor, bebés, así que si la historia anterior los hizo llorar, **esta los hará reír.**

Crecí en una familia a la que no le pasaba por la mente la idea de que yo fuera gay, **así que me llevaban a algunas actividades de hetero.**

Siempre fui el niño educado y bien portado de mi escuela y todos me amaban (amigos, maestros, mamás de mis amigos, etc.).

De niño me gustaban las muñecas de mi hermana tanto como mis muñecos. **A mi papá, sin embargo, no le encantaba la idea de verme jugar con cosas «de niña»,** porque así lo dictaba su educación.

Desde pequeño noté que había cosas diferentes respecto a otros niños. **Mi amor por el baile era de una ellas.**

Más tarde, no me integraba del todo con los chicos populares. **Nunca estuve sin amigos, pero no me sentía del todo bien con ellos.**

En algún momento, conocí a un squad increíble.

LAS MEJORES AMIGAS DE LA VIDA.

Mi squad estaba lleno de chicas lesbianas que poco a poco fueron saliendo del clóset y que, sin saberlo, me **ayudaron a aceptarme a mí mismo.**

Ellas fueron las primeras personas con las que **salí del clóset...**

Aunque con mi familia aún no lo lograba... **Solo mi hermana lo sabía y desde ese momento se convirtió en un pilar de apoyo y amor incondicional** durante todo el siguiente proceso.

Un día, conocí a alguien especial que me gustó mucho y al que yo también le gusté mucho. **Abandoné el #SoySolaArmy, amigas.**

Nos hicimos novios y pasábamos los días juntos.

ÉRAMOS MUY FELICES, HASTA QUE...

¡SU MAMÁ NOS CACHÓ CON LAS MANOS EN LA...!

Eh, bueno, ya se lo imaginan.

Su mamá se enojó muchísimo y me corrió de su casa. **A MÍ, QUE SOY EL NIÑO MÁS BUENO DEL MUNDO.**

Mi novio y yo, entonces, comenzamos a ir a mi casa

Para pasar tiempo juntos y en algunas ocasiones, **agarrarnos a besos.**

Pero como éramos muy jóvenes e inexpertos

MI MAMÁ TAMBIÉN NOS CACHÓ.

A mi mamá le tomó tiempo procesar la sorpresa y no hablamos por algunos días. Tardé una semana en salir del clóset frente a ella...

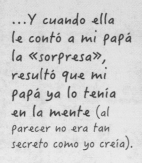

...Y cuando ella le contó a mi papá la «sorpresa», resultó que mi papá ya lo tenía en la mente (al parecer no era tan secreto como yo creía).

Y TODO FUE MENOS COMPLICADO

EL PROCESO FUE ASÍ MUCHO MÁS SENCILLO. ◇

El hecho de que mi papá lo hubiera aceptado desde hacía tiempo calmó un poco a mi mamá, y **al poco rato todo era de nuevo normal y sin tensiones.** A veces las cosas salen mejor de lo que uno espera...

Capítulo 4
ACEPTARME A MÍ MISMO

A ver, gordas: sí, está bien bonito todo eso de salir del clóset y hacer amigxs y tooooodo eso, pero
¿se han puesto a pensar en ustedes?

Sí, en ti mismo: esa personita que debe ser la más importante de tu mundo. No es fácil ser feliz, pero es mucho más difícil si ni siquiera crees que lo mereces.

Y es muy comprensible que esto cueste mucho trabajo, porque

TODO A NUESTRO ALREDEDOR NOS EXIGE SER MEJORES.

Hay negocios que han hecho una industria completa de hacernos sentir incompletos. Por eso, es necesario aprender a querernos a nosotros mismos.

Un ejercicio que puedes hacer todos los días: mírate en el espejo. **De preferencia, desnudo.** 😊

Mírate bien: **ve a la persona que aparece en el reflejo.** ¡Eres tú!

Mira tu rostro, tu cuerpo. Tus manos y piernas. Mira todo lo que eres y abrázalo.

Y ERES HERMOSO. MUY HERMOSO.

Eres una persona única. Irrepetible. Eres edición limitada: solo hay uno como tú **ENTRE SIETE MIL MILLONES DE PERSONAS.**
Ni Marc Jacobs podría tener algo tan exclusivo.

RECETA PARA
SALIR DEL CLÓSET

¿CÓMO?

Salir del clóset no es cualquier cosa, amigas. Hay gente que tarda años enteros en lograrlo. ¡Y tiene sentido! Como nuestras historias demuestran, a veces una familia conservadora o un papá muy rígido o una mamá muy religiosa (o viceversa) pueden demorar mucho la salida del clóset y, con ella, la aceptación de una orientación perfectamente normal en nuestras vidas.

Así que, para hacer menos amargo el trago, los chefs Pepe y Teo prepararon una deliciosa receta para salir del clóset. ¡Quedó deli!

PASTEL DE SALIDA DE CLÓSET

Aquí te dejamos unos sencillos pasos en forma de receta para que puedas salir del clóset en cualquier situación, con cualquier persona:

Ingredientes:

◆ Muchas cucharadas de valentía

◆ 1 tazón de lágrimas

◆ 2 paquetes de pañuelos desechables

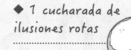

◆ 1 cucharada de ilusiones rotas

◆ ½ taza de comprensión

◆ Una espolvoreada de sensación de traición (porque los papás siempre se sienten traicionados)

◆ 2 tazas de velocidad (en caso de que tengas que correr)

◆ Drama al gusto

◆ y muchos huevos

Preparación

1. Mezcla todos los ingredientes en un tazón (menos los pañuelos), déjalos reposar una noche antes... O un mes o un año o varios, dependiendo de cuánto tiempo hayas estado en el clóset. Recuérdalo: a mayor tiempo reposado, mayor será el drama. Uffff, spicy!

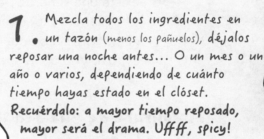

2. Cuando la mezcla haya quedado bien, bien espesa, tanto que se vuelva una situación así de que tú digas que parece engrudo, mezclar de nuevo los ingredientes una vez más y añade miedo y nervios al gusto, la cantidad que desees. ¡Mmmh, mmmh!

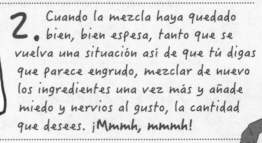

3. Una vez que esté listo, toma los pañuelos y sírvelo a tus comensales, rápido y caliente. ¡Provechito!

Aceptarme a mí mismo

MANUAL:

¿CÓMO SALIR DEL CLÓSET CON MI FAMILIA?

PEPE&TEO
APPROVED
PEPE&TEO

Nota inicial: Antes de comenzar a leer este instructivo, recuerda que cada quien sale del clóset en el momento que lo considera correcto. No existe una serie de pasos que garanticen el éxito, y hay tantas experiencias como personas LGBT en el mundo, pero aquí hay varios tips que te pueden ayudar. **Van con el sello de calidad de Pepe y Teo.**

1 Asegúrate de que sea un momento adecuado para ambas partes
(papá y/o mamá, tíos, abuelos y tú).

2 Ponte a cargo de la situación y prepara un ambiente favorable para ti. Sé amable, considerado y cariñoso. Recuerda: Nadie hizo nada malo y aquí no existen las culpas.

3 **Encuentra un lugar y tiempo específico y apropiado para dar la noticia** (en un café, un restaurante, un lugar privado, tu casa, etc.), algo que funcione para ti y donde te sientas cómodo.

....

4 **Prepárate para la respuesta que puedas recibir** y los diferentes escenarios que resulten de la situación, ya sea positiva o negativa.

....

5 **Relájate, mantén la calma y muéstrate empático a la reacción de la otra persona.** Recuerda que esta noticia es nueva para el otro y puede resultar un tanto impactante.

....

6 **No te andes con rodeos, entre más directo seas, mejor.** No te arrepientas antes de decirlo, lo que tenga que pasar, pasará y podrás actuar de mejor manera teniendo ya un resultado. Este es un buen momento para sacar los pañuelos de ser necesario...

....

7 **Ya que lo dijiste, intenta mantener el diálogo abierto.** Pueden existir dos posibles escenarios:

☑ POSITIVO:

Agradece la apertura y comprensión e, independientemente de la respuesta, recuerda que los cambios toman tiempo de asimilar, es probable que haya más apertura en el futuro y poco a poco podrás vivir completamente libre con tu sexualidad.

☒ NEGATIVO:

Si la respuesta no es la que esperabas y viene acompañada de enojo, reclamos y tristeza, entiende que no es tu culpa. No hay nada de malo en ti. Intenta ser comprensivo con los sentimientos de la otra persona y no reacciones de la misma manera: esto solo cerrará el diálogo. Sabemos que es complicado pedirte que te mantengas tranquilo mientras tu padre, madre (o a quien se lo hayas contado) se encuentra en un estado inconveniente (con enojo o ira), pero tendrás que ser paciente y dejar que el tiempo haga su magia. Hay, por supuesto, casos extremos de esto.

TIP:

te recomendamos mantenerte muy bien informado de lo que te está pasando para que tengas mejores puntos al **explicar tu orientación sexual o identidad de género** y sea más entendible y digerible para la otra persona, recuerda que en muchos casos la respuesta negativa se debe a falta de información. **Mantente cerca de tu grupo de apoyo para poder sortear cualquier obstáculo que se aparezca como resultado de esta salida del clóset.**

No nos queda más que desearte buena suerte.

¡ESTAMOS CONTIGO Y TE AMAMOS!

¿POR QUÉ?

La vida tiene muchas preguntas muy complicadas: ¿Por qué el cielo es azul? ¿Por qué el agua moja? ¿Por qué huele chistoso el ombligo?

En realidad hay respuestas muy sencillas para todas esas preguntas, pero esto no es un libro de ciencia así que no las **contestaremos aquí.**

Y una de las más difíciles de contestar es:

¿POR QUÉ TENGO QUE SALIR DEL CLÓSET?

En primer lugar: no tienes por qué hacerlo. Podrías quedarte ahí por siempre. Nosotros recomendamos que lo hagas, pero como ninguna recomendación sirve sin argumentos, acá van los nuestros:

Aceptarme a mí mismo

1 **Podrás vivir tu amor en libertad.** Podrás salir con tu pareja al cine, presentarla a tus papás, conocer a sus amigos, pasear por las calles. Esas cosas, créenos, importan.

2 **Es bueno para tu salud mental.** Las presiones y culpas que ejerces contra ti mismo van a disminuir. ¡Y te vas a querer más a ti mismo, y eso siempre es bueno!

3 **La gente ya sabe.** Amiga, a lo mejor tus papás no saben o se hacen que no saben. Pero te juramos que, como decía Juanga (QEPD), «lo que se ve, no se pregunta». Relájate, en muchos casos, nomás les vas a confirmar sus sospechas.

4 **Te acercará a la gente que amas.** Tu relación será más sincera, más abierta. ¿No es eso lo que todxs queremos?

5 **Porque no tienes que estar oculto a la vista de nadie** porque no has hecho nada malo. ¡Y eso debería bastar para ser lo que tú quieras ser y vivir en libertad!

Capítulo 5
AMIGAYS

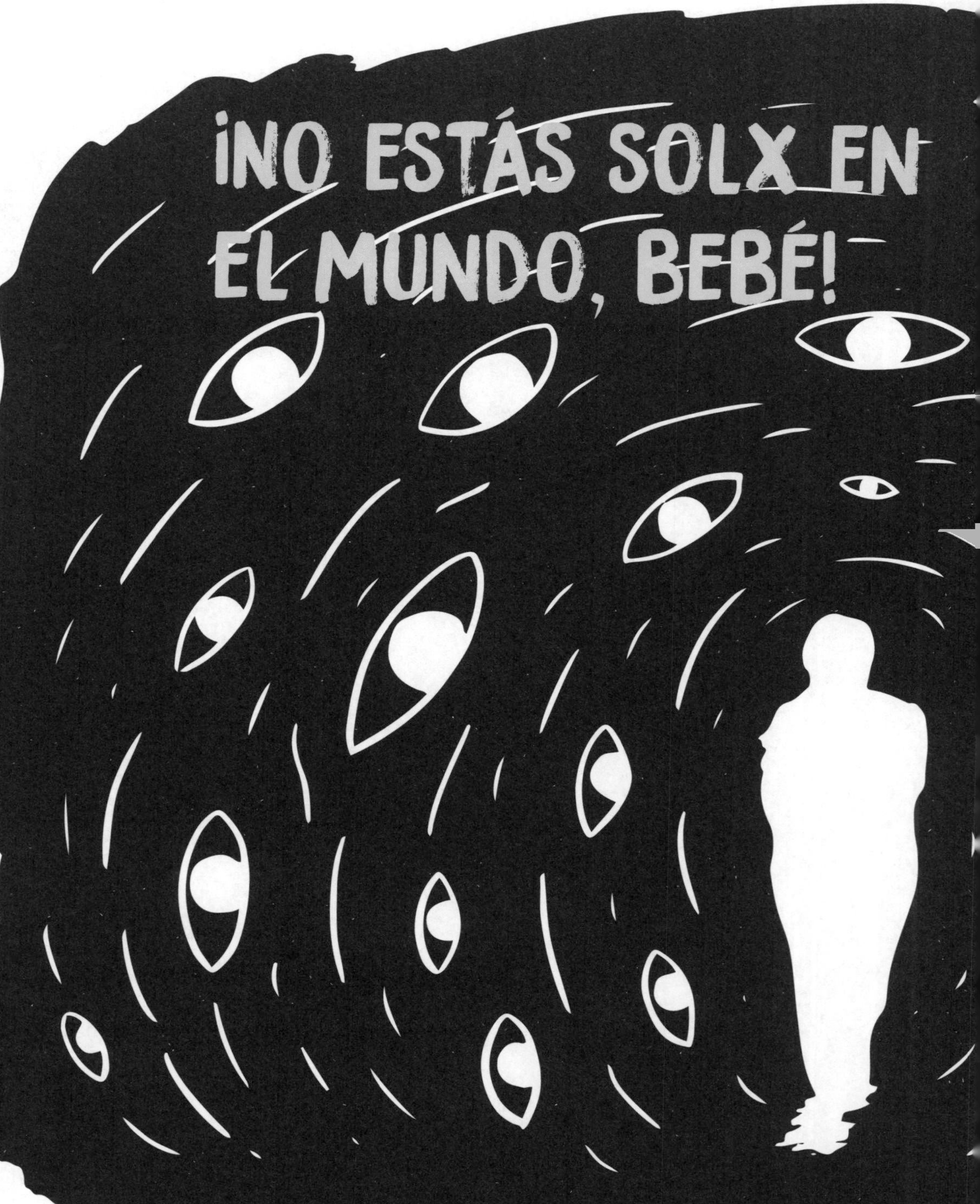
¡NO ESTÁS SOLX EN EL MUNDO, BEBÉ!

Así es. **Aunque TÚ NO LO CREAS** y aunque aún no lo **experimentes,** es probable que en tu escuela, trabajo o círculo social existan muchos gays rodeándote.

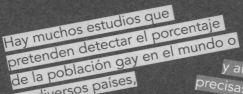

Hay muchos estudios que pretenden detectar el porcentaje de la población gay en el mundo o en diversos países,

y aunque no se tienen cifras precisas **debido a lo difícil que sigue siendo conseguir que la gente hable abiertamente de su orientación sexual,**

los números oscilan entre el

1%

hasta el

21%*

Es decir, de cada cien personas, veintiuno (¡o más, yeeeei!) podrían ser

GAYS COMO TÚ Y NOSOTROS.

$$V = \frac{1}{3}\pi r^2 . h$$

¿CUÁNTA GENTE HAY EN TU CÍRCULO SOCIAL?

* Según el artículo "¿Quién es gay? ¿Importa?", de Ritch C. Savin-Williams. Publicado en *Current Directions in Psychological Science*, 2006, vol.15

¡ES CORRECTO!

Un chingo. Y muchos de esos gays, probablemente, se encuentren tan desorientados y confundidos como tú. Y esto es perfectamente normal.

Pero no tiene que durar para siempre, y de hecho no lo hará.

PORQUE TÚ IRÁS AL RESCATE.

No se trata de que saques del clóset a la gente de tu entorno, entre otras cosas porque cada quien sale del clóset cuando quiere y puede.

Esto es muy importante, tan importante que te lo pusimos en negritas, mira: cada quien sale del clóset cuando quiere y puede.

Auuuunque, bebé, quizá tú tengas ya bien activado tu «gaydar» y tengas las antenitas bien paradas, sintonizadas con la gente que ya te imaginas está de tu mismo lado de la vida.

Y SI ESTO ES ASÍ, YA TIENES LA MITAD DEL TRABAJO HECHO.

Amiga, estás en el lugar correcto. Primero que nada, enciende el gaydar en máxima potencia. Analiza tu ambiente como si fueras un espía.

EL GAYDAR
ES NADA MÁS Y NADA MENOS QUE UN INSTINTO.

Un instinto que nosotras, amigas y amigos, tenemos muy desarrollado. Puede ser por muchas razones. Por ejemplo:

◆ Porque existen ademanes muy extendidos entre la comunidad.

◆ Porque, a veces, en el afán de que la gente no se dé cuenta, lo hacemos muy evidente para otros gays que también llevan una vida disimulándolo.

◆ Porque existen pequeños gestos, como la forma en que uno mira a otro hombre que le gusta, que delatan nuestra orientación.

◆ Por puro instinto. ¿Sabes lo que son las feromonas? Bueno, pues actúan en formas misteriosas.

◆ Y también es muy evidente cuando se sabe todas las coreografías de Britney mejor que cualquier otro...

Aunque recuerda que no todos somos iguales y hay hombres gays que no necesariamente encajan en estos puntos, y está perfecto. **¡Que viva la diversidad!**

El caso es que, una vez que tengas bien activado tu gaydar, te darás cuenta de pequeñas cositas a tu alrededor.

- **Que si aquel te mira bonito.**

- **Que si aquel otro mira bonito a aquel.**

- **Que si este otro y tú comparten el mismo gusto por la misma serie y por el mismo protagonista de la misma serie.**

- **Que si aquel se dio besos en la fiesta con aquel otro...**
  Bueno, eso ya sería bastante obvio, pero tú nos entiendes.

CUANDO HAYAS DETECTADO A ESOS INDIVIDUOS...

digamos, "interesantes" para tus malévolos fines

(malévolos fines: armar tu propio y fabuloso gay squad que rockee la escuela y tire abajo **LAS MALDITAS NORMAS CONVENCIONALES DEL PINCHE SISTEMA RETRÓGRADO,** digo, ya pues)

PUEDES COMENZAR A ACERCARTE A ELLOS.

Y aquí es donde tenemos que dejarte sola, querida, porque invariablemente hacer amigos es algo que tendrás que hacer por tu cuenta.

Sin embaaaargo, como te podremos dejar sola **PERO JAMÁS DESARMADA**, aquí te va una breve

GUÍA PRÁCTICA PARA HACER AMIGOS:

A) No seas encimosa. No importa qué tan encantadora seas, amiga, a nadie le gustan los hostigosos. ESPECIALMENTE A NOSOTROS. Que si somos medio hostigosos a veces.

B) Busca cosas en común. Series, películas, playlists, ropa, galanes... Encuentra ese huequito que tienen en común (no seas malpensada) y hazlo más grande (que no seas malpensada, ¡ES TU AMIGO!) hasta que por ahí quepan los dos y caminen juntos hacia TODA UNA VIDA DE AMISTAD. O no. Da igual.

C) Tienes las redes sociales, estúpida, ¡ÚSALAS! A veces nos da como penita hablarle a esa persona en la Vida Real. ¡Pero los tiempos en que era eso o morir han terminado! Ya tienes Facebook, cariño. Y en Facebook puedes agregar a alguien e intentar platicar con él antes de intentarlo en la Vida Real. No seas tímida, inténtalo.

D) Sé tú mismo. Ay, ya sabemos que te han dicho esto siempre y que ya estás hasta la madre. Pero la verdad es que funciona. Sé tu versión socialmente aceptable, esa que eres con tus mejores amigos y gente con la que estás cómodo, y si la cosa fluye bien desde el principio, probablemente fluya bien durante mucho más tiempo.

MI PRIMER AMIGAY

¿Y yo para qué chingados quiero un amigo gay?,

quizá te preguntes.

ERES MUY INGENUA, MUY, MUY INGENUA, AL PREGUNTAR ESO.

PERO AHORA VERÁS.

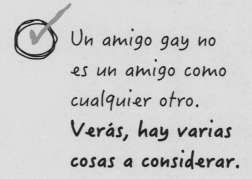 Un amigo gay no es un amigo como cualquier otro. Verás, hay varias cosas a considerar.

 Por ejemplo, que **nosotros no tenemos a papá y a mamá para que nos expliquen cómo funciona nuestra sexualidad.**

Exacto. Respira.
Tómate cinco minutos.

Sí. Es más, aquí una página en blanco para que veas a la nada y te relajes.

¿Ya estás listo? Dale la vuelta a la página.

Es correcto.

¿RECUERDAS AQUELLA FAMOSA (E INCÓMODA) PLÁTICA QUE TODO HIJO TIENE CON SU PAPÁ Y TODA HIJA TIENE CON SU MAMÁ?

Bueno, pues tú no la tendrás.

> **Y si la tienes, quizá no te sea tan útil como a otros.**

> Esto es porque quizá tu papá y tu mamá no estén preparados para instruir a su criatura LGBT en el sexo.

Entonces, ¿qué pasa? **Bueno, que estas cosas las aprendes por otros lados.**

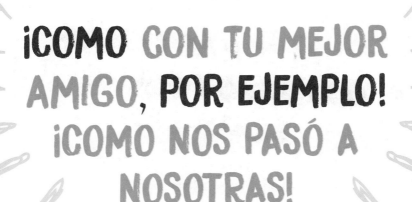

¡COMO CON TU MEJOR AMIGO, POR EJEMPLO! ¡COMO NOS PASÓ A NOSOTRAS!

Las personas LGBT aprendemos un montón de cosas con nuestros amigos, en parte debido a que nuestra orientación o identidad sexual no es considerada «la norma» para muchas personas. Así que es probable que tu amigo LGBT, ese que quieres tanto, también sea tu puerta de entrada a

MUCHAS COSAS MÁGICAS DE NUESTRA SEXUALIDAD.

OH, QUERIDA, NO SABES LO QUE ACABAS DE DESATAR...

Ve a la **página 142** para ver nuestra sección sobre **SEXO**.

Capítulo 6

FAMILIA

Ay, la familia. Ese nido de amor, cariño, educación e intolerancia.

¿Quéééé?

Sí, bueno, es que ya sabemos que en nuestro país, **gracias a la #colonización**, nos educaron como **católicos súper culpables que se golpean el pecho por todo** aunque, por dentro, se nos haga agua la boca por intentar cosas nuevas.

Esto causa muchos problemas a los miembros de nuestra comunidad, principalmente cuando nos encontramos en una familia conservadora y ya nos anda por salir del clóset y que todo el mundo sepa quiénes somos en realidad.

Ya sabes el tipo de fauna que puedes encontrarte en las cenas familiares, **y muchos de ellos te podrían tachar de «rarito».** Pero, francamente, esos son los que menos te importan.

¿CÓMO VAN A REACCIONAR TU PAPÁ Y TU MAMÁ? ¿Y TUS HERMANOS?

↓ ↓ ↓ ↓ ↓ ↓ ↓

No te preocupes (o sí, pero poquito).
Toma nuestra mano, nosotros seremos tus guías.

PAPÁ, MAMÁ: ¿A QUIÉN

MAMÁ:

- Piensa que ya se quedó sin nietos #CasoDeLaVidaReal
(Atte. Teo)

- Cree que su hijo terminará con VIH. #CasoDeLaVidaReal
(Atte. Pepe)

- Le gustaría intentar alguna «terapia de curación». #CasoDeLaVidaReal
(Atte. Pepe)

- Siente culpa por haber mimado demasiado a su hijo. #CasoDeLaVidaReal (Atte. Teo)

- Se siente engañada por su hijo. #CasoDeLaVidaReal
(Atte. Pepe & Teo)

PAPÁ:

- Quiere ver a su hijo varón ser muy ligador y exitoso con las mujeres. #CasoDeLaVidaReal
(Atte. Teo)

- No quiere «perder el apellido» de su familia. #CasoDeLaVidaReal
(Atte. Teo)

- Cree que su hijo será estilista o drag queen. #CasoDeLaVidaReal
(Atte. Pepe)

- Tiene miedo de que su hijo quiera «convertirse en mujer». #CasoDeLaVidaReal
(Atte. Pepe)

Aunque este tipo de reacciones no son necesariamente las que vas a obtener, en nuestra experiencia sí son de las más comunes.

Y este es el momento en que vas a necesitar muchísima paciencia. No es tu culpa, ni tu responsabilidad, ni tendrías por qué hacerlo, pero así es.

Tal vez pienses que no tienes por qué soportar ese tipo de cuestionamientos, y tienes razón, **PERO QUIZÁ TE SIRVA DE ALGO PENSAR QUE SI TÚ SALES DEL CLÓSET, AYUDAS A VISIBILIZAR NUESTRA ORIENTACIÓN SEXUAL. Y ESO ES ALGO MUY, MUY VALIOSO EN ESTE MUNDO.**

GUÍA PARA PADRES

Este es el momento en el que tomas este maravilloso libro y se lo muestras a tus papás discretamente, dejándolo abierto en esta página en la mesita de la sala, como quien no quiere la cosa.

Oooo tal vez eres un papi o una mami preocupado por su pequeño, que ya comienza a dar señales de que como que las niñas nomás no son lo suyo, **y compraste este libro porque viste que tu retoño nos veía en YouTube a escondidas.**

Prepárate y ponte el cinturón de seguridad, porque te vamos a llevar a toda velocidad en un recorrido por la fantástica vida LGBT.

NO TE PREOCUPES, DE CUALQUIER FORMA, ESTA ES LA SECCIÓN PENSADA PARA TI.

MANUAL

1) Si tu hijo sale del clóset contigo antes que con cualquier otro, felicidades. Tu hijo confía en ti y te ama. No traiciones esa confianza y ese amor.

2) La mejor reacción que puedes mostrar es cariño. No hay más. El cariño es apoyo y cuidado, y si tú le das cariño y cuidado a tu hijo, ya le estás dando casi todo lo que necesita.

3) Una cosa muy importante: tú no tienes la culpa de nada. De hecho, nadie la tiene, porque nada de ser LGBT tiene por qué despertar culpas. Es una orientación como cualquier otra, y no hay nada inherentemente malo con ella.

4) Actualmente el VIH no es una enfermedad mortal y tu hijo no va a adquirir VIH. Esto es un mito nocivo. En realidad, el tema del VIH tiene que ver con la desinformación (para conocer más del tema pasar a la página 158). Si tu hijo es gay pero le enseñaste a usar condón, no hay nada de qué preocuparse. Si no, nunca es tarde para documentarse y platicar.

PARA PADRES

5) NO, tu hijo no quiere ser mujer. Te vamos a dar unos zapes por pensar esto. A ver: lo trans designa a una persona que no se identifica con el sexo con el que nació. Lo gay designa a una persona que se siente atraída por las personas de su mismo género. Punto final. Si tu hijo es gay, es gay y ya: no necesariamente quiere pasar por el proceso de transición hacia el género femenino. Además, no hay nada de malo en querer ser mujer.

6) Las terapias de «curación de la homosexualidad» son un fraude y SON MUY DAÑINAS. La mayor parte de las veces funcionan con técnicas muy abusivas y psicológicamente violentas, y en el remoto caso de que la persona «se cure», probablemente viva con lesiones mentales y emocionales el resto de su vida. No le hagas eso a tu hijo.

7) Claro que puedes tener nietos. Existe una figura llamada «adopción», y en varios estados de México es perfectamente legal que una pareja homosexual adopte a un niño si así lo desea. Prepárate, porque de que te digan «abue» nadie te salva.

**Una última recomendación,
de amiga a amiga:**

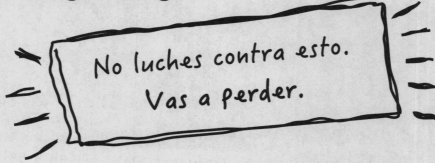

No luches contra esto.
Vas a perder.

LA ORIENTACIÓN SEXUAL ES ALGO CONTRA LO QUE NO SE PUEDE LUCHAR,

Y HACERLO SOLO TRAERÁ FRUSTRACIONES Y MALOS MOMENTOS.

Quiere a tu hijo tal y como es, abrázalo y comprende que esto es, tan solo, una parte de una persona completa que se define por sus acciones y sus afectos. Y, si todo va bien, tú seguirás dentro de esos afectos.

YA SALIÓ DEL CLÓSET CONTIGO, NO LA VAYAS A C*GAR.

Capítulo 7
ROMANCE

Hola, bebés.

Este capítulo está dedicado a un hashtag.
Qué digo un hashtag, un lema.

QUÉ DIGO UN LEMA,
UNA FORMA DE VIDA.

Así es. El temido momento ha llegado. Vamos a hablar de

#SoySola

#SoySola

es nada más y nada menos
que la forma en que
muchos de los integrantes
de nuestra comunidad
pasan los días.

Y ES VERDADERO
Y ES DOLOROSO.

Es ir al cine sola en un mundo de combo pareja.

Es ir de compras sola en un centro comercial lleno de novios y novias.

Es estar en el antro en una mesa con otras dos parejas —que te hicieron el favor de sacarte porque eres sola— y ver que una se va al baño, otra se va por más chelas y tú, como eres sola, te quedas cuidando la mesa.

Bueno, ya se entendió la idea.

La soltería puede ser difícil.
Eso lo sabemos toooodas, sin excepción.

Afortunadamente, no es lo único que sabemos y como siempre con nosotros, en este capítulo encontrarás una posible solución a este problema —o al menos aprenderás a entenderlo y a lidiar con él—.

DALE VUELTA A LA PÁGINA, SI TE ATREVES.

(¡No seas miedosa!, ya dale la vuelta).

Pero antes de empezar,

LAS VENTAJAS DE SER UNA #SOYSOLA.

Así es, querida. No todo es soledad en la galaxia #SoySola.
O bueno, sí. De hecho casi todo es soledad.

Además de que, a menudo, ser **#SoySola viene acompañado de un vicio.**

Que si adicta a la comida, que si adicta a las salidas casuales, que si adicta AL ALCOHOL.

A veces, también, te puedes hacer adicto al gimnasio. **Eso no está tan mal...**

1) No hay pleitos por el cine. Ves lo que tú quieras y no te la tienes que pasar callando a nadie.

2) **PUEDES SER LIBRE. Y POR LIBRE QUIERO DECIR PROMISCUA. Y POR PROMISCUA YA SABES A QUÉ ME REFIERO.**

3) Tienes todo el tiempo disponible para ti.

4) Todo el dinero es para ti. **TODO.** A menos que no tengas empleo. En cuyo caso no habrá dinero para nadie.

5) Al final, ser sola es una excelente oportunidad para silenciar el ruido y escuchar a la persona más importante de tu vida: tú mismo. ¡Bendiciones!

CÓMO CONSEGUIR NOVIO

Así que vas, ya, de una vez. **Date, gorda.**

Conseguir novio es una tarea difícil, entre otras cosas, porque parece que tenemos la obligación de tener parejas.

Para bien o para mal, en nuestra sociedad la norma es la vida en pareja.

¿NO TE PASA QUE TE CACHAS SINTIENDO LÁSTIMA POR ALGUIEN QUE ESTÁ COMIENDO SOLO?

Bueno, pues es parte de lo mismo. **Tal vez esa persona está disfrutando muchísimo su comida, pero lo único que vemos a veces es una persona solitaria, y creemos que esa soledad está vinculada a un estado de ánimo triste o depresivo.**

Y NO, AMIGA, DATE CUENTA, DÉMONOS CUENTA TODAS.

Así, de pronto tener novio o estar en proceso de volverse pareja de alguien no se vuelve algo feliz y gozoso sino algo difícil, algo por lo que sientes muchísima presión. Y no debería ser así.

No obstante, estamos conscientes de la presión **PORQUE NOSOTROS MISMOS LA SENTIMOS.**

Y estamos dispuestos a compartir nuestra ancestral sabiduría contigo en unos pequeños consejitos que te serán muy útiles a la hora de comenzar tu vida amorosa.

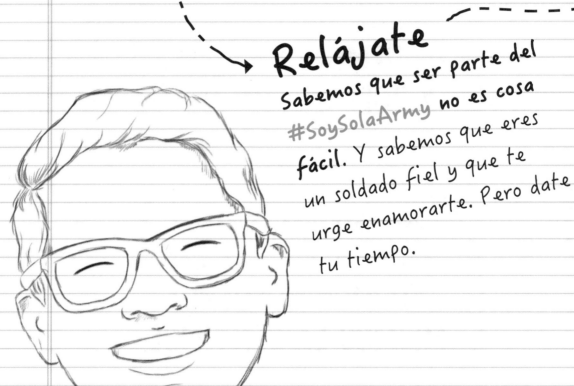

Relájate

Sabemos que ser parte del #SoySolaArmy no es cosa fácil. Y sabemos que eres un soldado fiel y que te urge enamorarte. Pero date tu tiempo.

Ábrete a las posibilidades

Sal con gente, haz nuevos amigos, visita nuevos lugares. Una de las consecuencias a veces negativas de la monogamia es que cierra un poco las posibilidades de ver más cosas. El #SoySolaArmy no tiene esa limitación. Aprovéchala.

No presiones

No todo el mundo quiere tener una relación formal y, la verdad, muchas veces eso no se logra presionando a nadie. Al contrario, hasta parece que los espantas. Y tienes que tener paciencia y entender que las personas necesitan tanto espacio como tú, y que la presión no lleva a ningún lado, así que bájale a tu intensidad.

Sé honesto

Esto suena a consejo chafa de libro de superación personal, **pero no tienes idea de lo útil que resulta la honestidad en una relación.** En primer lugar, porque permite que nadie se haga expectativas falsas, y en segundo, permite que tú sepas en dónde estás con esa relación. Así que NADA DE MENTIRAS.

PRIMERA CITA

Supongamos que tienes ya a un prospecto en mente.
Supongamos que quieres aventarte con todo como la mujer segura y empoderada que eres.

¿QUÉ SIGUE?

Teo: Es MUY importante escoger el lugar correcto para tu primera cita. Yo no recomiendo que sea un antro: hay mucho ruido, no puedes platicar, y lo que importa, en esta etapa, es que se conozcan. Una cenita informal, una tarde en un café, una visita a un parque, una ida al cine...

Pepe: Conocerse es bien importante, porque ahorita ambos andan viendo qué onda, si esto es un cuento de hadas o más bien una historia de terror. Y tú, amiga, siempre en control. Eso también es esencial.

Teo: No te apresures, no intentes robar besos, nada de excentricidades. Sé la mejor versión de ti mismo, pero sin fingir. Tú eres la protagonista de esta historia, compórtate como tal.

Pepe: Y si todo sale bien, chill con los mensajes de texto. Espérate hasta el día siguiente. Recuerda que hay una delgada línea entre estar interesada y parecer loca. Esto podría ser el comienzo de una hermosa relación y nosotras seremos tus madrinas de boda. OBVIO.

PRIMER

Es probable que cuando estés bien enamorada ni cuenta te des. Y está bien, así debe ser. Pero es bueno que sepas lo que podría aproximarse.

EN PRIMER LUGAR, LO BUENO:

◆ Estás bien enamorada y todo te parece hermoso.

◆ Probablemente estés descubriendo cosas de ti mismo, de tu cuerpo y de tus afectos. Una experiencia increíble.

◆ Quizá estés viviendo, por primera vez, tu sexualidad plenamente. Disfrútalo, porque así será de ahora en adelante.

◆ Es posible que estés aprendiendo muchísimas cosas acerca del mundo gay. Abre bien los ojos (no se te ocurra caer en la tentación de enamorarte de un heterosexual).

AMOR

ES MAGIA, ES VIDA, Y DESTRUCCIÓN.

> **Bueno, no. Pero sí. Seamos sinceras:** el primer amor es hermoso, y es una de las mejores experiencias de la vida, pero rara vez dura para siempre.

Y AHORA SÍ, VIENE LO MALO:

◆ Al inicio de una relación estás muy ilusionado. MUY. Y quizá lo estés un poquito de más. Trata de ver a tu pareja con objetividad.

◆ Es probable que te alejes de tus amigos. No te preocupes, es normal querer pasar más tiempo con tu pareja, y al final del día tus amigos entenderán.

◆ Aguas con normalizar violencias, celos desbordados y agresiones. El amor es lo mejor del mundo, pero hay gente que, sin saberlo (o a veces sí lo sabe), lo utiliza para manipularte y hacerte sentir humillada y/o tenerte bajo su control. ¡Aléjate, amiga! ¡VIOLENTÓMETROOOOOO!

PRIMER ROMPIMIENTO

SE TE DIJO. ¿SE TE DIJO? SE TE DIJO. ¡Y TE VALIÓ Y AHÍ FUISTE A CAER EN LAS GARRAS DE ESE MONSTRUO!

Bueno, equis. Siempre pasa.

A mí de hecho me ha pasado muchas veces, amiga. **Yo hasta cogiendo me enamoro, qué quieres que te diga.**

El caso es que ya terminó ese amor que pareció eterno, que parecía poderlo todo. Ya terminó y no hay de otra.
Así que lo adecuado en estos momentos es que nosotras estemos para ti.
Y aquí estamos, amiga.

CUENTAS CON NOSOTRAS

Así que aquí te van unos consejitos muy útiles para hacerte cargo de ti misma durante esta etapa tan dura.

◆ **Ya estás sola, ebria, devastada.** Acéptalo.

◆ A menos que tú hayas sido la lista que terminó la relación, **para no terminar como la DEJADA.**

◆ Pero si eres como nosotros, TE DEJARON. **Bendiciones.**

◆ **Lo primero es meditar.** Piensa bien: ¿qué salió mal? ¿Cómo sucedieron las cosas? ¿Hiciste o te hicieron algo inadecuado? **Cierra esa relación, ese ciclo. Si es posible, incluso, platica con tu ex. Sin rebounds, sin sexo** (aunque te mueras de ganas de volver a tenerlo). Al menos no esta primera vez. Cierren esa etapa.

◆ ¿Ya? Ufff, ahora empieza lo bueno. Lo segundo es salir. Ver mundo. Ver gente. Haz amigos, ten dates, entrégate a los hombres, a la fiesta. No tiene nada de malo, lo recomendamos ampliamente.

◆ Date un tiempo a solas. Un luto. Terminar una relación es un poco como perder a una persona. Hay que procesarlo. Dejarlo ir. Aunque ya lo hayas hablado, tu cuerpo debe acostumbrarse.

◆ Este proceso es diferente en cada persona. Chance te tardas seis meses. Chance un año. No te preocupes. No te atormentes: la vida seguirá su curso, y un día, finalmente...

◆ Te despertarás y sabrás que, ahora sí, estás lista para intentarlo de nuevo. Y AGÁRRENSE, QUE AHÍ LES VOY.

SEXO

SEXO

SEXO

SEXO

SEXO

SEXO

Capítulo 8

SEXO

SEXO

SEXO

SEXO

SEXO

SEXO

SEXO

XO

SEXO

SEXO

AY, AMIGA. LA COSA EMPIEZA A SUBIR DE TEMPERATURA.

Sabemos que este tema es una de las dudas que anda carcomiendo tus adentros desde que abriste este libro. Y seguramente ya llevas varios capítulos diciendo: «Ay, ¿y estas viejas para cuándo van a hablar de sexo?». Bueno, pues ya llegó el momento. Asegúrate de tomar nota.

*PORNO

Hay varias cosas que podríamos decir sobre el porno...

pero primero, cierra la puerta con seguro y saca la caja de pañuelos desechables, no vaya a ser.

◆ En contra de lo que te han dicho, ver porno (y masturbarse en consecuencia, porque ni que una fuera de palo) no tiene nada de malo.

◆ No te saca pelos en la mano.

◆ No te altera el pulso ni te deja ciego.

◆ Tampoco te vuelves loco. Ni puedes morir súbitamente. Vaya, es MUY improbable, y de suceder, no sería de ninguna manera culpa de la masturbación.

◆ Ah, también existe el mito de que si te masturbas puedes «volverte gay», porque pues a fin de cuentas estás tocando un pene.

En fin, el porno y la masturbación no tienen nada de malo. De hecho, es muy benéfico para muchas personas. Entre otras cosas porque, como sabes, nuestra orientación sexual sigue sin ser bien vista por un número muy grande de personas.

Y es probable que dentro de ese número se encuentren tus propios padres.

Así que, como te imaginarás, **la pornografía gay es un refugio en el que muchos de nosotros nos resguardamos cuando aún estamos en el clóset** y también después de salir de él.

¡NO LE TENGAS MIEDO!

EL PORNO ES AMOR.

Bueno, es sexo, pero es amor porque es bueno para ti y así.

*Consejos para ver porno

Aunque la teoría básica ya la tienes —buscas algo padre en internet, te la sacas, te la jalas y listo—, hay varias cosas a tomar en cuenta:

1) Por lo que más quieras, USA EL MODO INCÓGNITO en el buscador. Principalmente si más gente puede tener acceso a tu computadora, teléfono y/o tablet. No tiene nada de malo ver porno, pero no está padre que te cachen en el acto de amor propio contigo mismo y tu dispositivo electrónico y que te saquen del clóset así. Nosotras consideramos esto como un acto de terrorismo.

2) Habitualmente, borra el historial de vez en vez. No vaya a ser la de malas.

3) Bien importante: amable recordatorio de que el porno es FICCIÓN. Es FANTASÍA. No es real, y muchas prácticas que se muestran ahí son poco recomendables o requieren preparación previa, como el BESO NEGRO, el bareback, el fisting y varias más.

4) Adicionalmente, algunas posiciones, que se ven muy impresionantes en pantalla, pueden causar lesiones en alguien que las intente sin tener la condición física o el entrenamiento requeridos. Cuídate mucho, no vayas a terminar en el hospital intentando hacer el helicóptero en ocho tiempos. #MORTAL

5) Recuerda que el porno puede ayudar con tu creatividad pero tienes que conocer tus límites.

*POSICIONES SEXUALES

Ay, gorda, ¿ya estás lista?

Has recorrido todo este camino. Cuando empezaste eras un señorito recatado que no sabía nada de la vida.

Y ahora llegaste aquí, a la parte más candente.

¡Quién te viera!

Hay que decirlo: el sexo entre hombres (o entre personas del mismo género, pal caso) **está satanizado. Y esta sección podría herir algunas susceptibilidades.** Quizá hasta te ponga un poco a prueba a ti mismo.

Pero no tiene nada de malo, como ya hemos dicho.

Piensa en LAS MILES de revistas masculinas que hay todos los meses en todo el mundo diciendo cuáles son las mejores posiciones sexuales para el sexo heterosexual. **Piensa que también las revistas femeninas se empeñan en decirle a las mujeres cómo tienen que satisfacer a su pareja.**

¿Y DÓNDE QUEDAMOS NOSOTROS?

PERO ESO SE ACABÓ.

BIENVENIDO A

Gay'sHealth

CÓMO DERRIBAR AL HETEROPATRIARCADO
Gay'sHealth
LOS MEJORES DESTINOS TURÍSTICOS GAY
10 consejos para sobrevivir a tu familia católica
¿CÓMO CONSEGUIR AL ACTIVO DOMINANTE DE MIS SUEÑOS?
TEST DEL MES:
ACTIVO, PASIVO O INTER

EL SEXO GAY

es un campo infinito y desconocido por muchos. Existen tantas prácticas, técnicas y posiciones que tal vez desconoces y debes experimentar.

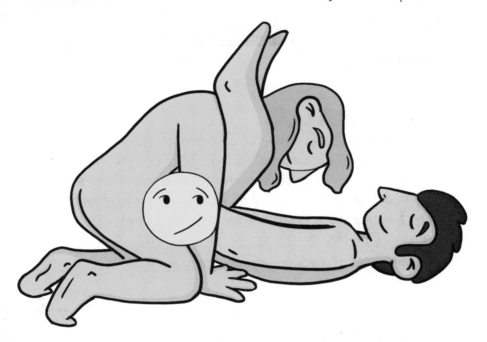

EL MISIONERO

Ya la conoces. Es prácticamente idéntica a su equivalente heterosexual, solo que el pasivo (es decir, el hombre que es penetrado) puede controlar la fuerza de las embestidas con sus piernas y rodillas. **Muy tradicional, pero también muy efectiva si quieres ver el rostro de tu pareja y darle besos en su carita preciosa. Tip de pasivo:** entre más alces las piernas, mejor será el sexo. De nada. 😊

EL CABALLO

En esta posición, el pasivo se coloca boca abajo, tratando de colocar su ano de la forma más receptiva posible. Mientras tanto, el activo (es decir, el hombre que penetra) se monta sobre él (**ajá:** como si estuviera cabalgando) y lo penetra con fuerza y vigor. O suavidad y cariño, dependiendo de los gustos. El pasivo debe arquear más su espalda para elevar su trasero y permitir ser penetrado por el activo. ¡De-li-cio-so!

EL COLUMPIO

Aumenta un poquito la dificultad. El activo se acuesta sobre su espalda —esta postura funciona bien en un sillón, o en una cama con cojines para que el activo se apoye— y el pasivo se sienta sobre él, dándole la espalda, como agachándose. El pene entra y sale y el pasivo tiene la capacidad de controlar la fuerza, frecuencia y profundidad de la penetración. **10/10, amigas.**

LA CUCHARA

Es lo mismo que el cuchareo con la gente que quieres, pero ahora CON SEXO, es decir, más divertido. El pasivo se deja cucharear y el activo penetra y apapacha al mismo tiempo. **Es una posición muy rica, muy cariñosa e íntima.**

LA V

El pasivo se recuesta en la orilla de una cama (o mesa, si se sienten traviesas) y alza las piernas en un ángulo de unos noventa grados respecto a sí mismo. El activo, que está de pie frente a él, lo penetra. Esta posición es buena porque permite un gran contacto visual y amplias posibilidades de masturbación para el pasivo, pero puede resultar cansada para algunos gracias al esfuerzo de mantener las piernas en el aire.

EL MONO

Ya estamos en el nivel hardcore, amigas. El activo se acuesta sobre su espalda —si se intenta sobre una superficie más o menos sólida es mejor— y alza las piernas, contrayéndolas hacia sí mismo. El pasivo, entonces, se sienta sobre el pene, y es libre de hacer todos los movimientos de cadera que quiera y de estimular, también, los testículos de su compañero. **Buenaza si se sienten atrevidos... y acrobáticos.**

El sexo es, obviamente, una enorme fuente de placer para todos.

Debes tener cuidado, sin embargo, de utilizar correctamente condones, lubricantes y hasta calentamientos previos a fin de que la experiencia sea lo más segura posible en todos los sentidos y, también, lo más placentera posible.

NOTA PARA PASIVOS: Antes del acto recuerda estar limpio (y por limpio nos referimos a limpiarte el ano a profundidad).

NOTA PARA ACTIVOS: A veces puede que el pasivo la cague (literal), sé comprensivo, límpiense y continúen?

*SALUD SEXUAL

*Información de CENSIDA

Muy bonito y muy rico el sexo,
¿VERDAD? Pues sí. Obvio sí.
Sin embargo, tenemos que hablar de algo.

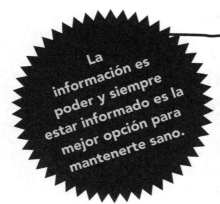

La información es poder y siempre estar informado es la mejor opción para mantenerte sano.

LA SALUD SEXUAL ES UN FACTOR MUY IMPORTANTE, PERO ES ALGO DE LO QUE CASI NO HABLAMOS.

El sexo

(como ya lo hemos dicho) es hermoso, magnífico y no debemos de sentirnos avergonzados por tenerlo.

Condenar a quien tiene sexo —el llamado slut-shaming— es una forma de limitar nuestra sexualidad.

Sin embargo,

VIVIR NUESTRA SEXUALIDAD TAMBIÉN IMPLICA ESTAR PENDIENTES DE NUESTRA SALUD SEXUAL Y SER RESPONSABLES DE NUESTRO CUERPO Y DE NUESTRAS PAREJAS SEXUALES.

Nadie está exento de adquirir una infección de transmisión sexual (ITS), así que debemos de conocer las maneras de prevenirlas y atenderlas.

☑ Hoy en día el uso del condón es la herramienta de prevención por excelencia, **pero también es importante saber que la ciencia continúa avanzando en métodos de prevención, detección y tratamiento.**

☑ Los organismos de salud a nivel internacional recomiendan realizar estudios periódicos de detección de ITS.

☑ Recuerda que mientras más pronto detectes una ITS, más pronto podrás tomar acción en tu salud sexual. **Recuerda que la sífilis, la gonorrea, el virus del papiloma humano y el virus de la inmunodeficiencia humana, el VIH, son las ITS de mayor transmisión en México.**[1]

[1]Fuente: http://www.jornada.unam.mx/2016/03/26/sociedad/030n1soc

COSAS QUE NECESITAS

El VIH es quizá la ITS que más ligada está a la comunidad LGBT, aun de manera errónea. Por lo tanto, aquí una práctica guía de datos que necesitas saber sobre esta enfermedad.

- -

- El VIH no se transmite por saliva, sudor o ningún otro tipo de contacto que no sea sexual o sanguíneo (transfusiones). No propagues ni dejes que propaguen el pánico.

- El VIH no es una infección única de la comunidad gay, como se llega a pensar. Esta puede ser adquirida por cualquier población, sea LGBT o no.

- Es importante realizarte la prueba cada 6 meses, para conocer tu estado de VIH.

- Si tu resultado es positivo, guarda la calma. Acude a tu Centro de Salud para adquirir tu tratamiento, en México es gratuito.

- Si tu resultado es negativo, también guarda la calma. Toma las medidas preventivas que se adapten a tu vida sexual (condón, PrEP, PEP), para que continúes siendo negativo.

SABER DEL VIH

- Actualmente, el VIH no es una enfermedad mortal si se lleva el tratamiento correcto y a tiempo.

- Nadie puede (o debe) discriminar a nadie que tenga VIH. En caso de que suceda, recuerda que hay instituciones que te amparan.

- Una persona con VIH detectado a tiempo y en tratamiento, puede vivir una vida saludable y plena.

- Hoy en día, una persona con VIH y que está tomando su tratamiento, puede llegar a tener una carga viral indetectable, lo que significa que la cantidad de virus en el cuerpo es tan pequeña que es imposible transmitirlo (incluso sin el uso de condón).

> UNA PERSONA CON VIH PUEDE TENER UNA VIDA SEXUAL ACTIVA Y PLENA. INFÓRMATE, HAZTE CARGO DE TU SALUD SEXUAL Y AYÚDANOS A TERMINAR CON EL ESTIGMA DEL VIH.

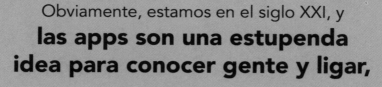

Obviamente, estamos en el siglo XXI, y **las apps son una estupenda idea para conocer gente y ligar,**

Y LA COMUNIDAD GAY LAS HA ADOPTADO MUCHÍSIMO.

Sin embargo, y como siempre en internet, no todo es color de rosa.

Las apps de ligue gay han demostrado ser una herramienta útil,

pero también generan un ambiente en el que las personas —**específicamente, ciertos gays que obedecen a un modelo de belleza muy popular**— se sienten con la capacidad de <u>**discriminar y excluir**</u>.

Hay perfiles que abiertamente dicen que **no quieren personas con sobrepeso**, o **afeminados**, o **de determinado color de piel**.

Es decir, se vuelven lugares para que

LA GORDOFOBIA, EL CLASISMO, EL RACISMO o incluso LA HOMOFOBIA

se hagan presentes.

Si ves uno de estos perfiles, swipe left, amiga.

EN PRIMER LUGAR, REVISA BIEN LOS PERFILES.

Chécate sus descripciones; muchas veces, ahí encontrarás unas palabritas que al principio se te hacen extrañas, pero que, una vez que entras en nuestro mundo, tienen todo el sentido:

NSA

No Strings Attached, es decir, es alguien que no busca nada serio. Solo quiere encuentros casuales. Ideal para ti... si eso es lo que buscas.

DULCES

Es decir, le gusta utilizar ciertas sustancias, como poppers, entre otras. Nosotros no las usamos, dejamos su uso a discreción de cada quién. Pero es importante que te informes y conozcas cómo afectan a tu salud sexual.

NETWORKING

Están en la app en cuestión para conseguir vínculos profesionales. Dan un poquito de flojera, porque buscan tener más contactos.

4:20

Les gusta la mota. Creo que ya lo sabías, pero por si acaso.

- -

POR SUPUESTO, no podíamos irnos sin contarte cuáles son las señas particulares de una cuenta que es CATFISH.

> ⚠️ El catfish es cuando alguien se hace pasar por otra persona mediante una red social, sea para ligar, para engañar, para hacer daño o cualquier fin que rara vez es bueno. ¡Ten mucho cuidado!

Una de las señales más sencillas, y de las primeras a tomar en cuenta, es que su rostro se oculta. **A veces tienen fotos de perfil de sus cuerpos, de ropa, de autos. Nunca de sus rostros.**

¿Qué quiere decir esto?
Una de dos:

o nuestro amiguito es muy feo (y no tiene nada de malo ser feo, ¡nomás que se acepte!),

o no quiere que su cara se vea porque no ha salido del clóset, tiene pareja o es catfish.

EN CUALQUIERA DE LOS DOS CASOS, SOLO PROCEDE SI OTRAS SEÑALES DEL PERFIL TE DAN CONFIANZA.

Capítulo 9

EL NOVIO

Ya se te hizo. LO LOGRASTE.

Ya eres una señora de casa. Ya te imaginas en tu casa de las Lomas, pintando mientras cuidas el hogar como solo tú sabes.

O, no sé, viajando por el mundo con tu novio.

Trabajando en mil proyectos emocionantes que le contarás durante otra noche perfecta en su casa perfecta en su vida perfecta.

No es tan fácil, amiga. No quieras correr antes de gatear. Antes de eso, hay que cumplir ciertos requerimientos sociales.

COMO PRESENTAR AL NOVIO EN SOCIEDAD.

Sabemos que te mueves en diferentes círculos, y sabemos que todos y cada uno de ellos tienen sus propias y particulares reglas, y que no es fácil quedar bien con todos ellos. Así que, para que no te nos estreses, acá te van una serie de útiles guías para hacer frente a cada una de las peligrosas presentaciones en sociedad.

 Si decides presentar a tu novio, es porque ya estás seguro de hacerlo. NO NOS HACEMOS RESPONSABLES DE NINGÚN DESASTRE

aunque obviamente estaremos ahí para ti.

CON LA FAMILIA

UY, DIFÍCIL SITUACIÓN.

Dependerá de cada familia, pero en general necesitamos dos requerimientos básicos para poder seguir adelante con esta misión: **que ya hayas salido del clóset con tu familia y que ellos estén bien con eso.** De lo contrario, no recomendaríamos una acción tan brusca.

Consulta nuestra GUÍA PARA SALIR DEL CLÓSET, página 76

en este mismo libro próximamente ganador del Premio Pulitzer por los próximamente ganadores del Premio Nobel de Literatura.

1) **Prepara el terreno.** Habla con tu familia, poco a poco. Menciones casuales aquí y allá; el nombre de tu pareja, lo que hacen juntos. Es un proceso, claro. Puede tomarse unas semanas o unos meses. **El chiste es que, paulatinamente, tu familia sepa que hay alguien contigo, que es importante y que es parte de tu vida.** Lenta, amiga. Con calma, pero segura.

2) **Avisa con tiempo.** Una vez que te hayas encargado de sembrar en la mente de tu familia la idea de que tienes una pareja, avísales, con tiempo, que te gustaría que lo conocieran. Tip: **respáldate en tus hermanos, si es que te apoyan.** (Y si no te apoyan: qué poca, no los pongas en tu testamento). **Haz que la idea de que tu pareja conozca a tu familia sea una idea agradable, común.** Si lo logras, ya estás del otro lado.

3) **Prepara a tu novio.** Obviamente, esto dependerá de ti y de las particularidades de la relación con tu familia. Hay unas que son más exigentes que otras; hay algunas que de hecho son bastante relajadas. **Todo dependerá de eso, pero básicamente lo que tienes que hacer es instruir a tu novio, darle tips, decirle qué es lo que debe decir y cómo hacerlo.** Una vez ahí, lo que resta es cruzar los dedos y esperar que tu encantador galán se gane a tu familia tal y como lo hizo contigo.

¡MUCHA SUERTE, BEBÉ!

CON LOS AMIGOS

ESTA PARTE ES TAMBIÉN SÚUUPER IMPORTANTE.

¿Por qué? Bueno, porque tus amigos son parte de tu vida. Quizá ya sepan de la existencia de tu novio, lo que naturalmente hará todo más sencillo; quizá no y tengas que empezar desde cero. **La cuestión aquí es que tú quieres que esta persona especial forme parte y conozca al otro grupo de personajes especiales que es uno de los pilares de tu existencia.** Si ya te decidiste, entonces…

1) Planea la cita. Tu novio conociendo a tus amigos es un paso casi tan importante como tu novio conociendo a tus padres, así que recomendamos que prepares adecuadamente el momento. **Quizá tus amigos son súper relajados y una ida al antro o una peda bastan, pero tal vez son menos sueltos y lo mejor es una cena más o menos formalona. Decide lo mejor para el tipo de grupo en el que te encuentres.**

2) Deja las cosas claras. Hay grupos de amigos muy dados a compartir los novios. Si ese es tu tren, déjate llevar. Pero tal vez tienes una relación monógama con

tu novio y la idea de compartir se te hace... un poquito (BASTANTE) incómoda. La onda aquí es hablar con tu novio —quizá lo hiciste antes, como debe ser, pero dejando claros los límites y los acuerdos— y también con tus amigos, a fin de dejar en claro qué tipo de relación mantienes y hasta dónde quieres llegar (y hasta dónde te gustaría que ellos llegaran).

3) Ya ármalo. Vas. ¡No es tan difícil! A fin de cuentas, estás uniendo a un grupo de personas que te quiere con una persona que también te quiere. Eres la reina de esa fiesta, la cereza de ese pastel de cariño, afecto y cuidados. Lúcete.

EN EL TRABAJO

A VER, ESTO DEPENDE DE VARIOS FACTORES.

¿Eres cercano con la gente de tu trabajo? Hay para quienes son otra familia, tan importante como los amigos. Hay quien es más distante y prefiere mantener su vida privada, pues, bueno, privada. Se valen ambas cosas, pero si te cuentas entre los que tienen de roomie al chavo del cubículo de al lado y que sale cada quince días al karaoke con todas las reinas de la oficina, entonces esto es para ti.

1) Observa a tu alrededor. **¿La gente de tu oficina es compatible con tu novio?** Tú conoces a ambos; sobre todo, probablemente hayas convivido en situaciones de presión con la gente de tu trabajo. Sabes qué les gusta y qué no les gusta. **¿Tu novio se encuentra entre el grupo de lo primero?** Pues vas. Ya tienes la mitad del trabajo hecho. Si no, tip: mejor ni le muevas.

2) Evalúa a tu novio. **Es importante que lo consideres en todo momento.** ¿Quiere? ¿Le interesa?

¿No siente que es too much? Todas estas reacciones se valen. A diferencia de los amigos y la familia, mucha gente no considera que los compañeros de trabajo sean indispensables, o quizá no tiene la fortuna de tener taaaan buena relación. Todo esto se comprende, y es importante que lo tomes en cuenta y lo respetes. Tampoco pasa nada si no.

3) *Ejecuta tu plan maestro.* Nuestra sugerencia: **invita a tu novio a la hora de la comida con tus compañeros.** Avísales el mero día, sin presión, y disfruten de una estupenda comida godín. Ya después podrás subir de niveles, pero, por lo pronto, lo que necesitas para empezar lo tienes do-mi-na-do.

Capítulo 10

MANUAL PARA SOBREVIVIR AL BULLYING

A ver, amigas. Esto es serio. De hecho, es MUY serio.

Desafortunadamente, América Latina, y México en especial, es una zona que vive una **LGBTfobia peligrosa**, muy acentuada y, de hecho, violenta en muchas ocasiones.

El bullying por solo ser lo que somos es muy común. Aunque nosotros, en la Ciudad de México, gozamos de ciertas aperturas y privilegios, sabemos bien que no son extensivos a todo nuestro país y tampoco a nuestro continente.

Sabemos que, a veces, ser gay es llevar un blanco en el pecho.

Y sabemos que el bullying es una de sus peores encarnaciones. Desde abusos verbales hasta abusos físicos, pasando por humillación, burlas y discriminación. Y sabemos que es difícil hacerle frente.

Por eso, no solo queremos colocar una guía aquí —**para bulleados y bulleadores**—. Queremos, también, pedirte que, si algo sucede y está fuera de tu control, y si ya has agotado todas las instancias posibles, **nos escribas a través de nuestras redes sociales para encaminarte con alguna institución o grupo de apoyo y mejorar tu situación.**

Muchas gracias, y te lo prometemos: **mejora.** Hay que trabajar, hay que aguantar y echarle ganas, pero mejora.

¿QUÉ HACER EN

Son varias las cosas que se pueden hacer en esta situación. **Aquí te va una lista de consejos útiles:**

1) **Admite que no es tu culpa.** No es extraño que una persona en situación de abuso de cualquier tipo termine responsabilizándose de lo que le sucede. **Es, de hecho, un mecanismo común de los abusadores a fin de seguir perpetuando su dominación.** Mírate al espejo, fijamente. Mira tu rostro y tu cuerpo. Di en voz alta, sin dejar de mirarte: «No es mi culpa». **Dilo de nuevo: «No es mi culpa». Convéncete de ello. No es tu culpa. No hay nada de malo en ti.**

2) **Rodéate de amigos.** Puede ser complicado, y quizá no sea una opción para todos, pero si te rodeas de amigos, te rodeas de aliados, y al rodearte de aliados eres más fuerte. **Conviértelos en tu sistema de apoyo. No estás solo. Una de las estrategias de los abusadores es aislar o atacar víctimas que ya se encuentran aisladas.** No lo permitas: si te rodeas de gente, tu abusador podría comenzar a notar que hay quien podría ayudarte a confrontarlo, y huirá. **Un abusador siempre es cobarde.**

CASO DE BULLYING?

3) **Ve con una autoridad.** Esto no quiere decir que seas un soplón. O un cobarde. Todo lo contrario: esas son ideas de un sistema machista y acosador que de hecho busca preservar su superioridad. **Las autoridades están hechas para prevenir y solucionar abusos: ir con ellas en busca de apoyo es todo menos cobardía.** **Busca una autoridad competente** —a veces no basta solo con las autoridades escolares— que te ayude a solucionar este problema y, si es el caso, denuncia. **Ningun bully aguanta una denuncia.**

4) **Aprende a defenderte.** Esto nunca está de más, y de ninguna manera estamos fomentando la violencia. Pero no está mal que sepan que abusar físicamente de ti no es tan sencillo. **Te dará confianza y fuerza, no solo física, sino emocional, para enfrentarte a tu abusador.**
El chiste es que vayas construyendo una red de seguridad: de amigos, de autoestima, de fortaleza física y mental. Vas a salir de esto. Serás un sobreviviente y podrás contarlo, y ayudar a que no se repita. **Levántate. Confiamos en ti.**

¿ERES UN BULLY?
ESTO ES PARA TI

No sabemos cómo llegó este libro a tus manos, pero preparamos unas palabras para ti.

Abre los ojos. Quizá nunca te lo hayan dicho, pero oye: **puedes lastimar a otras personas.** Y no solo físicamente. **No solo con una ofensa del momento. No. Puedes lastimar seriamente a alguien. Puedes hacerlo sufrir.** ¿Has escuchado de gente que se ha suicidado por el abuso? Pues bueno: tú podrías ser responsable de algo así. Piensa en qué lugar te pone eso. No solo legalmente —**podrías enfrentar serios problemas si te denuncian**—, sino moralmente. Piensa en tu familia. Tal vez ahí alguien abuse de ti. **¿Te parece correcto continuar el ciclo de violencia? Está en tus manos romperlo.**

Si continúas, en realidad, quien pierde eres tú: esta semilla de rencor solo crecerá más si sigues regándola con odio. Y, lamento decírtelo, pero nunca te dejará vivir. Ni ser pleno, ni ser feliz. Simplemente crecerá hasta ahogarte. Piensa en la gente que quieres que se parece a aquellos de los que abusas. **Imagina que alguien les hace lo mismo que tú le haces a los que te desagradan.** Imagina que te piden ayuda. **Imagina que se enteran de que eres parte de eso que no les permite vivir.** Imagina ser esa persona.

ABRE LOS OJOS. ESTÁS A TIEMPO DE DETENERTE. DE TODO CORAZÓN, ESPERAMOS QUE LO HAGAS.